ENTRE O PÚBLICO E O PRIVADO
A regulação dos juros bancários
e a sua aplicação

1429

C232e   Canto, Jorge Luiz Lopes do
        Entre o público e o privado: a regulação dos juros
    bancários e a sua aplicação / Jorge Luiz Lopes do Canto.
    – Porto Alegre: Livraria do Advogado, 2003.
    206 p.; 14x21 cm.
    ISBN 85-7348-246-X

       1. Juros. 2. Sistema financeiro. I. Título.

                  CDU – 347.755.5

      Índices para o catálogo sistemático

Juros
Sistema financeiro

(Bibliotecária responsável: Marta Roberto, CRB-10/652)

Jorge Luiz Lopes do Canto

ENTRE O PÚBLICO E O PRIVADO
A regulação dos juros bancários e a sua aplicação

Porto Alegre 2003

© Jorge Luiz Lopes do Canto, 2003

Capa, projeto gráfico e diagramação
Livraria do Advogado Editora

Revisão
Rosane Marques Borba

Direitos desta edição reservados por
Livraria do Advogado Ltda.
Rua Riachuelo, 1338
90010-273 Porto Alegre RS
Fone/fax: 0800-51-7522
livraria@doadvogado.com.br
www.doadvogado.com.br

Impresso no Brasil / Printed in Brazil

Embora isto possa parecer um paradoxo, toda a ciência exata é dominada pela idéia de aproximação, até mesmo as provas científicas mais aceitas contêm um pequeno elemento de dúvida dentro delas.

BERTRAND RUSSELL

Agradecimentos

Em memória de *Maria do Canto*, querida mãe, sem os teus ensinamentos não aprenderia a ter fé e a perdoar.

A *José do Canto*, meu pai, sem o teu apoio e amizade por certo não teria a mesma paixão pelo Direito.

À minha amada *Irma*, sem teu amor e compreensão não teria passado da primeira página.

Aos meus filhos *Rodrigo* e *Diego*, fontes permanentes de aprendizado, de inquietação e de inspiração.

Ao orientador, Prof. Dr. *José Luis Bolzan de Morais*, pelo incentivo e paciência.

A todos os amigos que de alguma forma colaboraram nesse percurso, por terem ajudado a vencer esse desafio.

Prefácio

Tive a honra de integrar a banca examinadora do trabalho que estou, pela extrema delicadeza do convite que me fez seu autor, Dr. Jorge Luiz Lopes do Canto, a prefaciar. A rigor, ela valeria por si mesma, dispensando qualquer apresentação, quer pela honestidade do tratamento do tema, quer pela profundidade. O prefácio a esta obra, portanto, é uma distinção para o prefaciador, que tudo tem a agradecer ao prefaciado.

A dissertação que me foi trazida a exame constitui um dos melhores textos acadêmicos a que tive acesso nos últimos tempos. Independentemente de concordâncias ou discordâncias, trata-se de trabalho mais que suficiente – parafraseando o Professor Eros Roberto Grau, em uma outra banca examinadora – para fundamentar a outorga do título de Mestre ao examinando. Escolheu o tema que, em sede de Direito Econômico, tem merecido mais estudos, principalmente à luz da Constituição de 1988: o tratamento jurídico dos juros. Mas em Direito, quando os horizontes do doutrinador não são estreitos, nenhum tema pode ser considerado esgotado. À medida que fui avançando na leitura, percebi que de um tema aparentemente esgotado pela literatura jurídica o autor pôde extrair frutos extremamente suculentos e nutritivos, se me permitirem a comparação gastronômica. Posso, também, para o efeito de caracterizar a impressão que a obra me provocou, evocar a grandiosidade da música de Johann Sebastian Bach, que com temas de pouquíssimas notas conseguia criar verdadeiros monumentos, como é o caso da "apoggiattura" que abre a famosa "Toccata e Fuga em Ré Menor" ou do arpejo ascendente que constitui a célula do "Prelúdio nº 1, em Dó maior, do Cravo Bem Temperado", prelúdio este que seria transposto para a tonalidade de mi bemol maior e transformado na harmonização da "Ave Maria", de Charles François Gounod.

O texto, cartesianamente, inicia historiando a evolução da posição do Estado diante do domínio econômico, apontando para a crise provocada pelas transformações tecnológicas, financeiras e econômicas do final do século XX e início do século XXI em que as instituições financeiras assumem um papel fundamental no sentido da viabilização da obtenção dos recursos para o desenvolvimento das atividades por parte dos agentes tanto públicos quanto privados, na condição de captadoras, junto ao público, destes mesmos recursos e de responsáveis pela entrega temporária aos agentes que deles necessitam para a aquisição de bens de consumo ou mesmo de insumos cuja aquisição ultrapassasse as forças patrimoniais próprias do interessado. Os juros, na condição de remuneração do capital mutuado, são considerados como objeto de uma regulação que deve necessariamente transcender o puro viés privatista, já que é dela que se tem o retrato do mercado financeiro, cujo papel é proceder à multiplicação dos recursos à disposição do público para possibilitar o maior escoamento dos bens ofertados no mercado, por um lado, e, por outro, ela afeta ao próprio custo da atividade econômica e ao grau de desigualdade entre os consumidores. Aliás, não é por outro motivo que a caracterização da atividade das instituições financeiras como serviço público ou atividade econômica *stricto sensu*, para me servir de uma terminologia bem ao gosto de Eros Roberto Grau, tem sofrido diferentes soluções no Direito Comparado. Os componentes considerados na fixação da taxa de juros e o papel do magistrado em relação à política econômica respectiva, fazendo a ponderação necessária dos interesses em conflito. Com raro didatismo, é explicitada a relação jurídica que se trava entre o Banco Central e as instituições financeiras, bem como o papel dos juros na manutenção da saúde destas. A jurisprudência é minudentemente analisada, confrontada com os pressupostos assentados nas páginas anteriores. Dados profundamente interessantes a respeito do histórico de instituições que freqüentam amiúde o noticiário econômico hodierno, como é o caso da convocação de um dos idealizadores do Fundo Monetário Internacional para depor no Congresso norte-americano sob a suspeita de atividades antiamericanas durante o macarthismo, poderão ser localizados com proveito na obra que ora prefacio.

Um estilo extremamente agradável – coisa, infelizmente, rara nos textos jurídicos hoje em dia – e um domínio seguro dos conceitos são os traços que permeiam a obra. Chamo a atenção para o domínio dos conceitos porque, se, por um lado, é necessário ter horizontes amplos, por outro, temos de nos precaver contra a tentação iconoclasta que assalta o jurista novel – o que, felizmente, não é o caso do autor, que em sua obra alia o conhecimento da cultura jurídica acumulada ao longo de séculos à sua ampla experiência como magistrado e professor, com vários artigos publicados e de excelente qualidade. Aliás, um dos maiores paradoxos do progresso da ciência, qualquer que seja ela, é precisamente a necessidade de uma certa estabilidade nos conceitos, que são os veículos de comunicação das realidades explicadas. Só se devem abandonar conceitos consolidados quando ficar demonstrada, para além de quaisquer dúvidas razoáveis, a inadequação deles para a explicação da realidade. E ao Direito, instrumento de conservação, e não de revolução, este pressuposto epistemológico se aplica como luva. O autor sabe perfeitamente – e mantém coerência com esta linha de conduta ao longo de toda a obra – que muitas vezes a maior contribuição que se pode dar ao progresso científico é demonstrar que determinado objeto não se mostra escapo ao fruto do conhecimento acumulado ao longo de gerações e gerações, somente buscando a inovação quando realmente se verifique o esgotamento do aparato conceitual perante a realidade que será objeto de exame, para ser compreendida e informar as tomadas de decisão do ser humano. E, aliás, a verificação do esgotamento, quando o autor o identifica, condu-lo, necessariamente, a reelaborar os conceitos operacionalizados.

Muitos dos posicionamentos podem ser objeto de debate, com toda a certeza, mas isto não é suficiente para afetar o valor do texto. Ao contrário, mostram que ao pensamento jurídico é perfeitamente aplicável a Parábola dos Talentos (Mt 25:14-30; Lc, 19:12-26), à qual, aliás, faz referência expressa no item 3.1.1, quando discute a polêmica que se travou sobre os juros nos âmbitos filosófico e religioso.

Não me cabe, como prefaciador, produzir obra doutrinária paralela à guisa de prefácio. Também penso não ser aqui o lugar nem para apontar eventuais consonâncias ou dissonâncias de entendimento com o prefaciado. Ainda, não me cabe privar o leitor do prazer de ler a obra e travar o saboroso diálogo com o autor, mesmo nos pontos em que eventualmente discorde. O que me cabe é apresentar a obra, pura e simplesmente. E, nos limites que a condição de prefaciador me impõe, cabe-me parabenizar o autor e fazer votos para que a este livro se sigam outros, porquanto o mercado editorial jurídico está mais do que necessitado de estudos de qualidade.

Porto Alegre, setembro de 2002.

Ricardo Antônio Lucas Camargo

Procurador do Estado do Rio Grande do Sul;
Doutor em Direito Econômico pela Universidade Federal
de Minas Gerais; Membro da Fundação Brasileira de
Direito Econômico – Núcleo de Porto Alegre

Sumário

Introdução 15

1. A intervenção do Estado brasileiro no sistema financeiro e os juros bancários 23
  1.1. Escorço histórico quanto à intervenção estatal no Estado Moderno 23
  1.2. A forma de intervenção do Estado no sistema financeiro 35
  1.3. A intervenção estatal no Brasil quanto à política de juros 50

2. Os princípios jurídicos e a sua aplicação no sistema financeiro quanto aos juros bancários 67
  2.1. A questão dos juros bancários através do prisma da principiologia constitucional 67
  2.2. Princípios jurídicos: economicidade, razoabilidade ou proporcionalidade e eqüidade 80
  2.3. O garantismo constitucional e o direito do consumidor diante do princípio do não-retrocesso social na órbita dos juros bancários 94

3. Juros bancários: evolução, análise financeira e sua regulamentação no Brasil 103
  3.1. Juros bancários 103
  3.1.1. Concepção histórico-fiolosófico-político-religiosa sobre os juros 103
  3.1.2. Natureza jurídica 109
  3.1.3. Definição 112
  3.1.4. Classificação 114
  3.2. Aspectos econômico-financeiros dos juros bancários .. 117
  3.3. Normatização dos juros bancários no Brasil 127

4. Jurisdição e juros bancários 143
  4.1. O problema da jurisdição e seu reflexo na interpretação dos juros bancários 143
  4.2. A hermenêutica atual dos Tribunais quanto aos juros bancários 152

4.3. A adequação entre a interpretação jurídica e a econômica dos juros bancários 180

Considerações finais 191

Obras consultadas 203

Introdução

O presente livro exsurge da inquietação quanto ao atual cenário do sistema financeiro, em nível nacional e internacional, cujos efeitos se fazem sentir na órbita da soberania do Estado brasileiro, sendo o adequado manejo da intervenção estatal essencial para a promoção do bem-estar social, no qual o aspecto financeiro da política de juros bancários tem fundamental importância para o desenvolvimento solidário do país.

A par disso, há a manifesta necessidade de explicar, lógica e pragmaticamente, a repercussão jurídica das interações econômicas e financeiras por meio de relações interpessoais e transindividuais, a fim de ser compreendida tal mudança diante da atual conjuntura do sistema bancário, de sorte que não se caia na tentação de interpretar o Direito segundo as "leis de mercado", e sim como instrumento garantidor e normatizador das expectativas de convivência social pacífica.

Dessa forma, é de fundamental importância que sejam definidas regras de interpretação e preceitos, mínimos, que sirvam para solver as questões relativas à expectativa de intervenção estatal na órbita financeira e econômica, em especial quanto à política de juros bancários, como forma de garantir os chamados direitos republicanos e o exercício pleno da cidadania.

O pressuposto teórico que serve de subsídio para a dissertação a respeito do sistema financeiro nacional em relação aos juros bancários, bem como da possibilidade de intervenção dos poderes do Estado na sistematização e organização dessa questão monetário-financeira, está fundamentado nas obras de Eros Roberto Grau, Washington Peluso Albino de Souza e Ricardo Antônio Lucas Camargo, autores estes que versam sobre o direito econômico, em especial no que tange à interpretação jurídica a ser dada ao fato financeiro atinente aos juros bancários, sua repercussão no mundo do Direito e a intervenção do Estado neste tipo de atividade.

Assim, o enfoque da ciência jurídica sobre os fatos econômico-financeiros é que permitiu o surgimento do ramo do Direito denominado de econômico, tendo em vista que foi possível uma maior especialização e aprofundamento quanto à repercussão da economia neste campo do conhecimento, mediante o estudo, neste microssistema, de questões como os princípios que devem nortear esta atuação estatal, como os da economicidade,[1] razoabilidade e eqüidade, os quais têm aplicação na interpretação a ser dada à questão dos juros bancários.

Aliás, Souza traz à baila em sua obra a importância da função do princípio da economicidade como *instrumento de interpretação para harmonizar dispositivos ideológicos originariamente passíveis de contradição, mas que, adotados e admitidos pelo legislador constituinte, passam a ter convivência indiscutível.*[2] A referência que se faz aqui é ao *caput* do artigo 170 da Constituição Federal no qual a justiça social é o parâmetro para concretização do Direito, assim como a valorização do trabalho é um fim a ser atingido, devendo ser esse o viés pelo qual deve ser examinada a problemática dos juros bancários.

Ainda, Grau, ao examinar questões como a globalização, inclusive a sua repercussão sobre o sistema financeiro de um país, assevera que "ameaça a sociedade civil, na medida em que está associada a novos tipos de exclusão social, gerando um subproletariado (*underclass*)...; instala uma contínua e crescente competição entre indivíduos; conduz à destruição do serviço públi-

---

[1] SOUZA, Washington Peluso Albino de. *Primeiras Linhas de Direito Econômico*. 4ª ed. São Paulo: LTr, 1999, p. 127.
[2] Idem, p. 36.

co ... Enfim, a globalização, na fusão de competição global e desintegração social, compromete a liberdade".[3] Dessa forma, justifica Grau a necessidade de intervenção estatal no domínio econômico, cujo "vocábulo intervenção indica a atuação em área de outrem, isto é, na esfera do privado, a qual está autorizada pelo art. 149 da Constituição Federal, em especial quando esta atuação se dá por indução, exercendo o Estado nesta hipótese pressão sobre a economia, estabelecendo normas de comportamento compulsório para os sujeitos da atividade econômica em sentido estrito";[4] o que deve ser feito em matéria de juros bancários, a fim de ser regulado o mercado financeiro de acordo com os preceitos constitucionais, de maneira a garantir aos cidadãos o direito de obter financiamentos a preço justo, com o fim de obter a alavancagem para o seu desenvolvimento econômico e pessoal no Estado Democrático de Direito.

Ressalte-se que o método de abordagem adotado foi o indutivo, procurando-se seguir as linhas de pesquisa do curso de mestrado em Direito da Universidade do Vale do Rio dos Sinos, na discussão do tema proposto na presente dissertação relativo à intervenção estatal no sistema financeiro quanto aos juros bancários.

Ainda, foi utilizado o método de procedimento monográfico e comparativo, o que foi desenvolvido com a análise do tema proposto mediante técnica de pesquisa bibliográfica e documental.

Portanto, fixados esses parâmetros é que se pretende examinar as questões atinentes à intervenção estatal no mercado financeiro e os juros bancários, a fim de que a interpretação a ser dada a tais questões tenha por base a corrente filosófica hermenêutica crítica, segundo a concepção de Dworkin, a qual estabelece princípios a serem seguidos para compatibilizar os interesses dos agentes financeiros com os dos demais agentes econômi-

---

[3] GRAU, Eros Roberto. *A Ordem Econômica na Constituição de 1988.* 4ª ed. São Paulo: Malheiros Editores, 1998, p. 39.
[4] Idem, p. 156/157.

cos que intervêm nesse processo, para que seja alcançada a Justiça Social no Estado Democrático de Direito.

Ressalte-se que o Tribunal, para essa corrente de pensamento, atua no sentido de obter um equilíbrio razoável entre as pretensões sociais, sendo que a técnica utilitarista foi usada no Direito anglo-americano no famoso exemplo do padrão de diligência devida, em casos de culpa, no sentido de averiguar qual a conduta que traria menos custo e maior benefício para o autor de determinado ato que causa dano a terceiro.

Método este de pensar por meio de determinada problematização, que não afasta para o intérprete a existência de uma compreensão prévia da função social do Direito e do Estado, daí a importância de tornar claros determinados conceitos da ordem econômica e subsumi-los a certos princípios jurídicos que garantam a harmonia social.

Dessa forma, a Constituição serve para garantir que as relações sociais se dêem de maneira democrática, estabelecendo para tanto determinados princípios, que são valores fundamentais e servem de paradigmas à hermenêutica, os quais se subsumem ao regime e à ordem jurídica vigente. A Constituição estabelece um dever ser, tendo o princípio como condição de possibilidade dos demais textos, pois aquele vale, enquanto a norma vige, cujo corolário lógico é o de que a interpretação a ser dada à questão dos juros bancários deve estar subsumida aos preceitos constitucionais.

Aliás, no que se refere à normatividade constitucional, cabe aqui mencionar o ensinamento de Canotilho no que tange à "proibição de excesso em sede de restrição de direitos, noutros termos: é o tratamento desigual adequado e exigível para alcançar determinado fim? Este fim é tão importante que possa justificar uma desigualdade de tratamento em sentido normativo?"[5] Portanto, é fundamental que se tenha em mente quais os

---

[5] CANOTILHO, José Joaquim Gomes. *Direito Constitucional e Teoria da Constituição*. 3ª ed. Coimbra – Portugal: Almedina, 1999, p. 1216/1217.

princípios que irão nortear o tratamento isonômico no campo do direito econômico-financeiro, de acordo com a capacidade de cada agente envolvido na questão dos juros bancários.

Ficam claras, então, a utilidade e a aplicação do princípio da proporcionalidade no campo do direito econômico e financeiro. Quanto a este último, cabe aqui uma reflexão, tendo em vista que a questão dos juros não tem sido tratada através desse prisma, uma vez que inadmitida a limitação destes, ainda que haja previsão constitucional para tanto, forçoso é concordar que ao menos deverá ser reconhecida a proporcionalidade entre a remuneração pela captação no mercado dos agentes econômicos superavitários e os lucros obtidos com a cobrança de taxas exorbitantes dos agentes deficitários, na medida em que *spread* do agente financeiro pela intermediação não pode ser maior do que o do próprio investidor.

Igualmente, é de se destacar a importância do princípio da economicidade, o qual traça a relação entre custos e benefícios tão díspares como o individual e o social, a fim de harmonizá-los e fazer com que prevaleça o interesse socialmente relevante e economicamente justo à coletividade, na medida em que o valor maior constitucional a ser preservado é inexoravelmente o da justiça social, tendo em vista que a implementação desta traz como corolário a promoção do bem-estar da sociedade, fim último do Estado de Direito Democrático.

Por outro lado, a interpretação a ser dada, tanto quanto a intervenção estatal no domínio econômico como no que concerne aos juros bancários, deve levar em conta a crise pela qual atravessa o Poder Judiciário no Estado Democrático de Direito, a qual pode ser examinada sob diversas perspectivas, como bem analisa Bolzan de Morais,[6] tanto de ordem estrutural, como pragmática, o que torna o acesso à Justiça cada vez mais

---

[6] MORAIS, José Luis Bolzan de. *Mediação e Arbitragem: Alternativas à Jurisdição*. Porto Alegre: Livraria do Advogado, 1999, p. 98/102.

difícil. Mister se faz que sejam estabelecidos parâmetros precisos para interpretação destes fatos econômicos financeiros, sem o ranço ideológico, mas com base em preceitos constitucionais e de ordem econômica que dêem uma solução adequada a estes questionamentos.

Assim, o estudo da intervenção estatal no domínio financeiro atinente aos juros bancários é analisada em quatro capítulos deste trabalho por meio de enfoques teóricos anteriormente mencionados.

O primeiro deles abrangendo a intervenção estatal, partindo de um breve escorço histórico desta, a forma desse tipo de atuação do Estado no sistema vigente, uma vez que a mesma está inserida entre as regras de ordem pública, pois versa sobre a política monetária de uma nação, e como se dá tal intervenção do Estado brasileiro quanto à política de juros.

No segundo capítulo, foi feita uma abordagem à luz da principiologia constitucional, tendo por base o parâmetro hermenêutico anteriormente referido, a fim de estabelecer um *topoi* que dará a medida da exegese a ser aplicada quanto à matéria relativa aos juros bancários, cujos princípios da economicidade, proporcionalidade, eqüidade e não-retrocesso social integram este catálogo, a fim de garantir o exercício dos direitos do consumidor no mercado financeiro.

O terceiro capítulo versa sobre a evolução, a natureza jurídica e a classificação dos juros bancários, bem como a análise financeira destes, culminando por perscrutar a regulamentação dos mesmos no Brasil, a qual serve para harmonizar a convivência e regular as relações entre os agentes econômicos e destes com o Estado, possibilitando a realização dessa atividade com o objetivo de desenvolvimento e da consecução de lucros e, ainda, coibindo o abuso do poder econômico.

Por fim, chega-se ao exame da questão financeira atinente aos juros bancários perante o *direito jurisprudencial*, ou seja, quanto à interpretação dada pelos Tribunais relativa à matéria e a correta adequação entre os parâmetros econômicos e jurídicos, passando pelo enfrentamento inicial atinente aos problemas da jurisdição e os reflexos dela na exegese adotada pelo intérprete. A complexidade do tema enfocado leva a um número elevado de questionamentos sobre a política monetária de juros, cuja busca do saber e do aprendizado potenciam o nível de angústia no que se refere a essas questões estratégicas para o desenvolvimento do Estado brasileiro, as quais se pretende enfrentar na presente obra.

1. A intervenção do Estado brasileiro no sistema financeiro e os juros bancários

1.1. Escorço histórico quanto à intervenção estatal no Estado Moderno

A noção do Estado Moderno surge com o *jusracionalismo* do século XVI. A concepção primeira a esse respeito é a idéia do Estado absolutista de Thomas Hobbes para o qual o homem deixa o estado de natureza, isto é, *a guerra de todos contra todos*, quando faz um pacto de associação e delega a um soberano o poder político absoluto para gerir a vida em sociedade, ainda que seja necessário o emprego da força para tanto, formando-se aqui um consenso que possibilita o surgimento de um estado civil.[7]

Assim, no estado de natureza preconizado por Hobbes, cada homem possuiria o direito de preservar a sua própria vida, utilizando-se dos meios necessários para atingir esse fim, de acordo com o seu próprio julgamento e razão, em contraposição à concepção aristotélica de que o homem seria bom e sociável por natureza. Portanto, para aquele o homem, e não Deus, seria o dono de seu destino.

Na visão de Hobbes, o estado de natureza se caracteriza pela ausência de um poder comum capaz de

---

[7] Ler a respeito MORAIS, José Luis Bolzan de. *Do Direito Social aos Interesses Transindividuais...* Porto Alegre: Livraria do Advogado, 1996, p. 32/36.

ENTRE O PÚBLICO E O PRIVADO
A regulação dos juros bancários e a sua aplicação

23

regular o convívio social, no qual nem mesmo o mais forte teria garantias mínimas, como a de vida, pois o que prevalece é a força, na medida em que não há ordem ou direito e, por via de conseqüência, inexiste qualquer previsibilidade no comportamento do homem em sociedade, o que gera insegurança nas relações interpessoais. Então, o homem como ser racional faz um pacto para constituir um poder comum, delegando este a um terceiro (soberano) que exerce o mesmo de forma ilimitada.

É óbvio que essa concepção é útil num primeiro momento para formação do Estado, com identidade de espaço físico (território), povo – compreendendo aqui a idéia de participação política dos cidadãos – e poder centralizado (soberania), o que possibilita a organização da sociedade urbana a ultrapassar o período obscuro do feudalismo, no qual o próprio direito de liberdade era negado ao campesinato que servia nas glebas dos senhores feudais, sem nutrir qualquer expectativa quanto à melhoria de sua qualidade de vida ou para sua integração de forma plena ao convívio social.

No estágio seguinte, o Estado Moderno passa a ser definido pela teoria contratualista de Locke, segundo a qual, embora o estado de natureza fosse perfeito e de paz relativa – o homem possuía a propriedade da vida, da liberdade e dos bens, pois ele tem por base o *jusnaturalismo* – em dado momento, alguns poderiam não ser racionais o que possibilitaria o surgimento de um conflito, o qual deveria ser solucionado pelo Estado (jurisdição), cujo poder é limitado àqueles direitos naturais convertidos em civis.

Portanto, com o objetivo de manter a paz, a segurança e o bem-estar do povo, os homens, por um acordo mútuo, agiam livremente na escolha dos governantes e na forma de governo, consenso que servia para estabelecer uma sociedade política surgida dessa união, a fim de garantir a criação das leis e a execução destas, pois não é racional e provável que alguém seja juiz de sua própria causa e venha a reparar o próprio mal que ocasionou.

Assim, para Locke há dois pactos: o primeiro, que se destina à criação do próprio Estado; já, o segundo, que visa à instituição do governo no qual as funções são separadas, surgindo aqui a idéia de jurisdição, bem como existindo nesta conjuntura uma descentralização do poder, culminando com a monarquia parlamentarista na Inglaterra do século XVII.

Note-se que mesmo o Estado absolutista representa um avanço, pois, a par da concentração de poderes no soberano e a identidade entre este e o próprio Estado, havia o controle do soberano que representava ordem e segurança para os súditos, além de um mínimo de garantias individuais, possibilitando o surgimento de um livre mercado, o que leva à ascensão da burguesia, isto é, daqueles que moravam, produziam e comerciavam nas cidades-fortalezas da Idade Média.

Entretanto, foi com Rosseau que surgiu a noção mais sofisticada de Estado de Direito na qual a base de legitimação do ente estatal era o contrato social, cuja origem era histórica, ou seja, por consenso – acordo tácito ou expresso entre a maioria ou a unanimidade dos indivíduos – é criado pela razão humana o Estado Social ou Político.[8] O aprimoramento desta concepção através de Montesquieu origina a idéia de tripartição do poder estatal, com a divisão das funções de governo entre o Executivo, o Legislativo e o Judiciário, que exerceriam estas atividades em nome do povo e para o povo de determinada nação, cuja ênfase está no respeito aos direitos individuais.

Nesse momento histórico, a Constituição passa a exercer papel fundamental na consolidação das conquistas políticas e econômicas da burguesia, na qual eram valorizados os direitos individuais, bem como eram assegurados o direito de propriedade e da liberdade contratual de mercado, molas mestras do Estado Liberal.

---

[8] MORAIS, José Luis Bolzan de. *Do Direito Social aos Interesses Transindividuais*. Op. cit., p. 32.

É oportuno aqui realizar uma breve exposição sobre os três núcleos do liberalismo, segundo Roy Macridis,[9] a seguir indicados: moral referente à própria natureza humana, quando são levados em conta os direitos pré-sociais, como dignidade, liberdade, vida, dentre outros; político no qual são considerados os aspectos jurídicos do Estado, tendo como linha mestra a Constituição, em que são garantidos direitos como a representatividade, o sufrágio, a democracia, etc.; e, por fim, o núcleo econômico, cujo projeto é o capitalismo, fulcrado na liberdade contratual de mercado e no direito de propriedade.

No século XVIII, houve o surgimento do chamado Estado Liberal de Direito, com o qual a classe burguesa busca sedimentar suas conquistas por meio de garantias jurídicas, em que o centro do ordenamento jurídico era o indivíduo. A função do Direito era coercitiva com o fim de incentivar a adaptação social do cidadão, e as leis tinham cunho geral e abstrato com previsão de sanção para o caso de desvio da conduta prevista para o mesmo. Nesse cenário havia a separação do Estado da sociedade civil, com a primazia das liberdades individuais na Constituição, com o objetivo claro de criar uma limitação à atuação estatal.

A partir daquele século, ocorreu uma mudança do modelo econômico de uma sociedade rural-agrícola para uma sociedade urbana de cunho fabril, originando uma nova força política, consubstanciada no proletariado (*proletarii* = proletários; originado da expressão latina *prolem dare* = dar a prole – ou seja, aqueles que contribuíam para o Estado dando seus filhos como soldados para as legiões romanas), constituída dos operários e do agregado social que se formava em volta das fábricas, acarretando uma demanda maior por segurança pública a ser prestada pelo Estado.

---

[9] MACRIDIS, Roy. *Ideologias Políticas Contemporâneas*. Brasília: UnB, 1982, p. 318.

Em 1848, houve o manifesto comunista de Karl Marx, que discute a questão da mais-valia entre os detentores dos meios de produção (capital) e o trabalho gerador da riqueza da sociedade, bem como a quem deveria ser atribuída a propriedade daqueles bens. Esta reflexão veio desembocar nas lutas sociais dos séculos XIX e XX, com as quais o proletariado pretendia garantir uma vida condigna com melhoria de transporte, moradia, saúde, alimentação, condições de trabalho, dentre outras reivindicações.

Dessa forma, no século XIX, surgem os movimentos sociais reivindicando a melhoria das condições de vida dos trabalhadores, tais como, o Cartismo na Inglaterra, a Revolução de 1848 e a Comuna de 1871, na França, o que, aliado às idéias de Marx, vem desencadear a Revolução Russa de 1917, cujo objetivo precípuo era uma participação maior do proletariado no processo político, a fim de que seus problemas e reivindicações fossem levados em conta pela classe dirigente e revisada a atuação do Estado, de sorte que o mesmo passasse a um intervencionismo em sentido social. Este homem condicionado por seu meio é que revela sua maneira de *ser*.[10]

Entretanto, é em 1929 com o *débâcle* financeiro causado pela grande depressão que houve a quebra do sistema econômico vigente até então, baseado no denominado Estado Liberal e absenteísta, situação que aliada aos movimentos sociais anteriormente referidos precipitaram a jurisdicização das conquistas políticas do proletariado, representada pela valorização dos direitos sociais e sua consolidação nas Constituições Mexicana (1917) e de Weimar (1919) na Alemanha. Ainda, no plano econômico, surge a concepção de Keynes de que a economia e a política estão indissoluvelmente ligadas,[11] portanto o Estado organizado pode estabilizar, estimular e dirigir o rumo de sua economia.

---

[10] VENANCIO FILHO, Alberto. *A intervenção do estado no domínio econômico: o Direito público econômico no Brasil...* Ed. fac-similar. Rio de Janeiro: Renovar, 1998, p. 8/9.
[11] Idem, p. 11.

Surgindo a partir das crises precitadas e das economias de guerra deflagradas pelos grandes conflitos mundiais (1914 a 1918 e 1939 a 1945), o Estado intervencionista rompe com a tradição do liberalismo econômico, que busca promover políticas para nova sociedade de massas e, paralelamente, garantir uma infra-estrutura para as grandes empresas. A partir desse marco, aparece a regulamentação dos direitos coletivos, como o do trabalho, quando é normatizada a hipossuficiência do empregado diante da classe patronal. A pressão do operariado resultou na concessão de direitos como a jornada de trabalho de oito horas, licença-gestante, férias remuneradas, dentre outras garantias conquistadas pelo trabalhador.

Contudo, é a partir de 1945, que aparece a concepção de Estado Social de Direito, também denominado de *Welfare State* ou Estado do Bem-Estar Social, em que é preconizado um pacto entre trabalho e capital, tendo por conteúdo jurídico a resolução de questões sociais. Aqui a lei é usada como instrumento de ação concreta do Estado para possibilitar o acesso de todos a uma vida digna, sendo implementadas prestações públicas para situações de desamparo transitório, como as políticas previdenciárias de auxílio aos velhos, doentes e desempregados.

Nessa fase, há um crescimento econômico sustentado, o que propicia ao Estado uma maior arrecadação e com isso o atendimento da demanda social existente, cumprindo o novo papel que lhe foi atribuído de promover o desenvolvimento do grupo social, de modo que a comunidade se beneficie da riqueza gerada pelo trabalho, situação que subsiste por cerca de trinta anos, ou seja, até meados da década de 70, quando então esta maior participação política é abalada pelas crises econômicas do petróleo e, sucessivamente, causada pelo desemprego estrutural decorrente do avanço tecnológico.

Essa nova conjuntura socioeconômica acarreta a denominada crise do Estado Social de Direito, bem como obriga a refletir sobre uma nova alternativa de organização política. Surge, então, a concepção do Estado Democrático de Direito, cujo conteúdo jurídico versa sobre a construção de uma sociedade justa sua implementação da justiça social como forma de corrigir as desigualdades existentes, tendo como interesse jurídico prevalente o da comunidade que deve ser tutelado pelo poder estatal. Aí a função do Direito é educativa, servindo a lei como instrumento de transferência e de solidariedade no campo do direito substantivo, com o objetivo claro de garantir no presente e no futuro uma vida melhor a todos.

Note-se que esta concepção de Estado de Direito enfrenta crise sem precedentes na atualidade, tendo em vista que as transformações econômicas, financeiras e tecnológicas do final do século XX fazem com que se reflita até mesmo quanto a sua definição sociopolítica, pois a idéia de assegurar o bem comum de um determinado povo sob a égide de uma organização que mantém o poder de dizer, monopolisticamente, o Direito válido em determinado território, não corresponde mais à realidade.

Aliás, a transformação do conceito precitado é perfeitamente identificada, quando se questiona o Direito de o povo de um Estado interferir na vida de outro, como, por exemplo, o uso da energia nuclear e seus experimentos com a possibilidade de tal prática representar a destruição de determinada região ou mesmo a totalidade do planeta, ou a prática especulativa financeira com similar conseqüência pela aniquilação das populações do chamado bloco das nações emergentes, mediante o pesado tributo da miséria. Assim, o que se propugna é definir qual e para quem o bem comum estaria sendo feito ou assegurado nestas hipóteses.

Evidentemente que, na sociedade atual, as fronteiras físicas servem mais aos estudos no campo da geografia e da sociologia que propriamente nas áreas jurídica, econômica e financeira, aliás, outra não é a conclusão a que se chega a esse respeito pelo simples exame perfunctório do chamado *acordo multilateral de investimento* (AMI), concebido no âmbito da OCDE (Organização de Cooperação e Desenvolvimento Econômicos), composta pelos vinte e nove (29) países mais ricos do mundo e seus respectivos grupos econômicos, pelo qual a soberania estatal praticamente deixa de existir, na medida em que os negócios internacionais só serão entabulados com os países que forem signatários desta convenção, cuja prática neoliberal é levada ao extremo.

Segundo o "acordo" supracitado, o capital é a única força a merecer a tutela jurídica, ao ponto de: se a legislação de um país restringir a produção de um determinado produto em função de este causar dano ambiental, por exemplo, o Estado deverá indenizar a empresa que teve prejuízos com a suspensão de sua atividade fabril ou com o aumento dos custos de produção em função da adaptação da mesma àquelas regras, à medida que isto acarretaria *"a perda de uma oportunidade de ganho de investimento"*, abdicando o Estado signatário desta convenção do direito de legislar sobre o meioambiente. Pergunta-se: nessa hipótese subsistiria o monopólio estatal de dizer o Direito, da forma pela qual conhecemos hoje?

É natural que tais questionamentos gerem angústias no jurista moderno, o que não pode ser suficiente para impedir que se tenha consciência das transformações por que atravessa a humanidade e com isso buscar compreender os mecanismos pelos quais possam ser dadas soluções para essas novas demandas sociais. Talvez a maior garantia de que disponha o cidadão na atualidade esteja na assertiva de Norberto Bobbio ao definir: "o governo da democracia como o governo do poder público *em público"*; ou seja, é preciso cada vez mais que seja disponibilizado ao indivíduo o acesso à informação, pois esta pode ensejar a melhor escolha para o convívio social.

A par disso, a discussão dos limites da soberania estatal não se estende só à seara internacional, ou seja, além das fronteiras de um país, na qual existem às questões atinentes às organizações não-governamentais, uniões de blocos comunitários (Comunidade Comum Européia, Mercosul, etc.) dentre outras. No entanto, também, isso se insere aquém das regras fixadas pelo Estado para convivência social. O enfoque aqui se trata "de um Estado à margem do Estado de Direito, que se desenvolve em espaços extralegais ou de legalidade atenuada",[12] no qual, na omissão do poder constituído em implementar políticas públicas, surgem questões locais dirimidas por meio de regulamentação não-oficial, que pode se dar tanto pela conciliação por arbitragem, ou pela transação que ocorre com a mediação. Há que se levar em conta, ainda, o surgimento de um direito marginal, no sentido de ser produzido a par das instituições oficiais, como a "lei do silêncio" nas favelas brasileiras administradas por traficantes de drogas, quando a violência e a repressão se sobrepõem aos direitos à cidadania.

Dessa forma, há uma crise conceitual e mesmo de legitimidade do Estado de Direito, tendo em vista que as demandas sociais não se satisfazem mais com uma igualdade formal e anseiam por que esta seja de ordem material. Não obstante isso, ainda há a crise econômica do Estado Moderno ligada aqui no dizer de Bresser Pereira aos chamados direitos republicanos, mais precisamente aqui em colocar a *res publica* a serviço de todos ao invés de ser apropriada por determinado grupo ou corporação.

Note-se que o Estado Moderno enfrenta o problema relativo a uma arrecadação deficitária ou, por outra, de uma tributação maldistribuída, esta última com a oneração excessiva sobre os ganhos decorrentes do trabalho e quase nunca sobre a renda do capital ou o lucro

---

[12] CAMPILONGO, Celso Fernandes. *Direito e Democracia*. São Paulo: Max Limonad, 1997, p.114.

dos grandes oligopólios. Assim, os recursos gerados são escassos e otimizados de forma equivocada, pois não culminam na realização de políticas que assegurem a igualdade e a inclusão social, com base na solidariedade e na fraternidade, cuja prevalência deveria ser dos chamados direitos difusos, isto é, aqueles cuja titularidade se destina a pessoas indeterminadas, mas cujo objeto tutelado interessa a toda a coletividade preservar, como as questões atinentes ao mercado financeiro. Através deste prisma, o financiamento daquelas políticas, na maior parte das vezes, é implementado com a emissão de títulos públicos, os quais remuneram os poupadores por meio da satisfação dos juros.

Anote-se que, no aspecto financeiro da arrecadação e da distribuição dos recursos obtidos, está subsumida a questão de financiar os agentes deficitários por intermédio dos superavitários, visto que estes últimos detêm excesso de renda, pois esta é maior do que o consumo, produzindo um saldo denominado de poupança. Assim, as instituições financeiras servem para mediar e agenciar a aproximação daqueles dois grupos, o que permite maior segurança aos poupadores, pois os riscos são minimizados quanto à inadimplência, à liquidez e à rentabilidade.

Ressalte-se que é neste breve panorama histórico de concepções do Estado Moderno, a forma de intervenção deste e a crise enfrentada pelo mesmo na atualidade que se insere a questão dos juros bancários, ou seja, caracterizam-se como o preço do dinheiro no tempo, o qual passa a ser remunerado em razão de o poupador investir ao invés de adquirir outros bens com a sua receita, devido à expectativa futura do mesmo de obter maior benefício com isto, devendo servir o Estado como garantidor desta relação jurídica.

Frise-se que essa prática, que é outorgada às instituições financeiras cujo papel é realizar a intermediação dessas riquezas, constitui uma vantagem também para o tomador do dinheiro, pois este passa a ter a certeza de obter o volume desejado, com o prazo necessário para a sua devolução, além de poder satisfazer suas necessidades de consumo de imediato, sem arcar com o custo do bem pretendido à vista, o que permite inclusive gerenciar melhor o seu fluxo de caixa (receitas e despesas em dado período). Tais situações econômicas têm repercussões jurídicas que também devem ser reguladas pelo Estado Moderno, de sorte que seja feita justiça social, tanto para os poupadores como para os tomadores desses recursos.

Outro aspecto a ser tratado, sob o ponto de vista financeiro, é quanto à importância da intervenção estatal na administração de preços, em especial, no que tange às políticas de juros e também de câmbio, ambas intimamente ligadas ao volume dos meios de pagamento na economia.

Ressalte-se que o aumento do volume dos meios de pagamento só foi possível pelo acordo de Bretton Woods (1944), o qual instituiu o regime de papel-moeda não conversível, sendo que, a partir daí, o padrão ouro deixou de ser o lastro para emissão de moeda e passou a ser utilizado o dólar americano como equivalente àquele. Note-se que a fixação deste parâmetro serve apenas como referencial econômico para o sistema de câmbio e padrão monetário destas trocas, sem com isso interferir na soberania de cada Estado no que diz respeito à política monetária a ser adotada.

Ainda, no governo Nixon, em 1971, ocorreu a desvinculação entre os valores monetários, o que permitiu a adoção do "padrão dólar" e transformou as moedas dos países numa *commodity* passível de sofrer ataques especulativos, como vimos recentemente na Ásia e na América Latina, colocando em xeque o sistema financeira mundial e a sua capacidade de gerenciamento para promover o bem-estar social e a estabilidade das chamadas nações emergentes, bem como de suas incipientes democracias, questões estas discutidas paralelamente nos foros de Davos e Porto Alegre.

ENTRE O PÚBLICO E O PRIVADO
A regulação dos juros bancários e a sua aplicação

Ademais, a questão dos juros está inserida na política financeira do Estado de Direito, ou seja, trata diretamente com a possibilidade e a forma de intervenção estatal na administração dos preços na atual conjuntura, em especial, na política de juros, e sua influência no volume de meios de pagamento disponíveis, além do exame da política monetarista de manter em patamares elevados as taxas de juros do mercado, com a finalidade de formar poupança e refrear o consumo, a fim de obter a estabilidade econômica do país, examinando se tais medidas são consentâneas com a realidade social vigente ou artificiais.

Assim, a intervenção estatal no campo financeiro se dá de forma positiva, por meio da regulação dos juros atinentes aos títulos públicos, e também construtiva, com a fixação do preço médio do dinheiro no mercado, o qual serve de parâmetro para o estabelecimento dos juros bancários para os particulares, tanto no que concerne à justa retribuição devida aos agentes poupadores, como também à remuneração do dinheiro a ser prestado pelos agentes deficitários, ou seja, os tomadores da moeda nacional no mercado financeiro.

Evidentemente que este papel regulador do Estado no setor financeiro não pode ser outorgado à iniciativa privada, pois, em se tratando da política monetária de um país, é inconcebível inexistir um mínimo de intervenção, a fim de assegurar os interesses da coletividade, o que era reconhecido mesmo por Adam Smith no liberalismo econômico, já em 1776, pois, dentre os deveres do *soberano* (leia-se Estado), preconizava o de suster certas instituições públicas que nunca serão de interesse de qualquer indivíduo ou de um grupo de indivíduos mantê-las. Nesse contexto insere-se a administração da moeda nacional feita pelo Banco Central.

Portanto, tais matérias de interesse comum são passíveis de uma atuação positiva do Estado no sentido de regulamentá-las e mesmo atuar no mercado financeiro, o que é feito pela mesa de operações do Banco

Central, com o intuito de promover o bem-estar social, além da coordenação e da organização deste mercado, que é denominada de intervenção estatal, cujo objetivo precípuo é atender ao interesse coletivo, com a distribuição justa dos frutos decorrentes da atividade bancária, por meio de uma ação controladora do Estado, sem que esta sirva para restringir ou impedir aquela atividade privada.

Feita essa abordagem inicial, passa-se a tratar de enfoques mais específicos quanto às várias facetas da intervenção do Estado de Direito Moderno no domínio do direito econômico, em especial no que tange aos juros bancários. Há alguns pontos que merecem destaque, na medida em que se pretende demonstrar o elo entre a transformação sofrida na sociedade atual, o papel do Estado, a política de juros bancários e a repercussão desta atuação na vida dos cidadãos.

1.2. A forma de intervenção do Estado no sistema financeiro

Preambularmente, é necessário abordar os aspectos jurídicos no que tange à questão do monismo e do dualismo jurídico, ou seja, se efetivamente o direito internacional tem existência a partir de sua aceitação no país, ou se prevalece aquela última hipótese no sentido de que há uma correlação entre as normas constitucionais e as dos tratados na qual o Brasil é signatário, portanto, com aplicação imediata ao Direito pátrio.

A esse respeito é preciso que se retome a noção de que, na sociedade atual, uma das razões da crise de legitimidade do Estado é o fato de que o mesmo não é mais o detentor exclusivo do direito de regular o convívio social. Por esse viés fica evidente que há uma coexistência e correlação entre outras ordens jurídicas e a estatal, o que gera o problema da concorrência dessas normas, em face da exclusividade na atividade legislativa do Estado, questão que pode ser facilmente solvida ante a aplicação de princípios que respeitem os direitos sociais e republicanos, como a cláusula de não-retrocesso social, que visa a proteger a confiança e a segurança dos cidadãos no âmbito econômico, limitando a reversibilidade dos direitos adquiridos, reconhecida como princípio imanente à Constituição pelo Direito português, o que possibilitou a manutenção dos direitos à assistência previdenciária naquele país.

Veja-se que a questão primordial aqui passa necessariamente pelo reconhecimento da existência de um pluralismo jurídico, o que não importa abrir mão da soberania estatal, mas sim entendê-la de forma coordenada para a convivência com poderes adstritos a ordens distintas. O corolário lógico dessa premissa é o de que direitos humanos de primeira geração atinentes à vida e à liberdade individuais, por exemplo, reconhecidos por organismos internacionais como a ONU e expressos em acordos internacionais, como a Declaração Universal dos Direitos do Homem e mais recentemente o pacto de San José da Costa Rica, têm aplicação imediata em qualquer nação do mundo ou deveriam ter, sob o argumento de que estas garantias transcendem a esfera nacional e são fundamento principiológico de qualquer Carta Constitucional, o que por si só é razão suficiente para sua incidência e aplicação.

Frise-se que, sob este enfoque, é possível admitir o silogismo precitado mesmo para a tradicional concepção positivista de Kelsen, que trata do ordenamento jurídico de um Estado como conjunto de regras hierarquizadas, tendo como pressuposto uma relação de derivação e fundamentação da chamada norma fundamental – entenda-se Constituição –, sistema este integrado também pelas idéias de completude e coerência, a primeira relativa aos mecanismos utilizados para responder às questões atinentes às lacunas das leis, e esta última à resolução de eventuais antinomias das leis, situação que é resolvida em função da hierarquia destas, da especialidade e do fator temporal, *topoi* estes que servem para dar guarida à recepção dos acordos internacionais precitados, sob a forma de princípios integradores do Estado de Direito.

Note-se que o pensamento sistemático é ordenado por "um conjunto de elementos compatíveis entre si, marcados pela unidade, coerência e hierarquia. Unidade no sentido de aglutinação destes elementos, normas, princípios, valores, em torno de um fundamento, geral e comum; coerência, como ligação entre si e ausência de contradição; hierarquia, no sentido de dependência e dedutibilidade lógica".[13]

Em contrapartida, para os direitos humanos de segunda e terceira gerações persiste a prevalência da idéia de soberania nacional, aquele ligado ainda a aspectos individuais do Estado de Direito Liberal referente à igualdade que traz como corolário os direitos políticos (sufrágio), já este de cunho transindividual, abrangendo aqui tanto os interesses coletivos ligados a determinada categoria ou grupo social (direitos sociais – saúde, educação e cultura), como os difusos que atingem indeterminadamente qualquer pessoa da sociedade e nos quais se enquadram os denominados por Bresser Pereira de direitos republicanos, tendo em vista a sua importância estratégica para o Estado, na medida em que este entendimento possibilita que se preserve a *res publica* no sentido de conservar o patrimônio econômico de um país por meio da orientação a ser dada pelo governo nacional às relações de seus cidadãos, a fim de superar as desigualdades regionais existentes.

Ressalte-se que cada uma destas gerações de direitos privilegia uma das funções do Estado: na primeira, o Executivo, a fim de que este por meio do contrato social originário promovesse a liberdade do cidadão, cuja estratégica implementação era a sanção, fazendo valer o

---

[13] AMARAL NETO, Francisco dos Santos. Racionalidade e Sistema no Direito Civil Brasileiro. *Revista de Direito Civil*, nº 63, São Paulo: Revista dos Tribunais, p. 45/56, 1993.

postulado de Nicolau Maquiavel de que é "melhor ser temido do que amado",[14] a fim de que haja obediência ao governante; na segunda, o Poder Legislativo tem por estratégia a inclusão mediante a participação política de camadas da população até então afastadas do círculo do poder de decisão do Estado; já a terceira geração de direitos privilegia o Judiciário ao qual incumbe, pela interpretação sistemática do ordenamento jurídico, promover a igualdade material para que sejam adotadas políticas sociais efetivas, o que só será possível, quando o atendimento às demandas coletivas tiverem pronta resposta dentro dessa concepção, e não apenas com a idéia de prestação formal da jurisdição.

Assim, tendo em mente essa nova concepção de Estado de Direito é que se há de enfrentar questões complexas da modernidade, como os limites de abrangência do chamado Direito oficial, o qual tem incidência preponderante na seara pública, uma vez que as outras formas de regulamentação do convívio social estão afetas à órbita privada. O problema aqui é como o direito estatal poderá dar resposta às crescentes demandas sociais dentro dos princípios neoliberais de Estado mínimo e da chamada globalização, na medida em que, se não houver uma intervenção incisiva para garantia da manutenção de direitos sociais básicos, se estaria admitindo um retrocesso social em prol de uma maior "competitividade econômica".

Exsurge daí a importância de estudar os aspectos econômicos e financeiros da crise do Estado de Direito Liberal e sua repercussão jurídica, pois, se as questões comerciais são resolvidas, de regra, na órbita privada das grandes corporações mundiais por meio de transações econômicas, cujas demandas são solvidas pela mediação, não é menos verdade que decisões administrativas desses oligopólios podem afetar qualquer país e gerar ações na esfera do Direito oficial, que às vezes são mal-interpretadas e decididas, como, por exemplo, no

---

[14] MAQUIAVEL, Nicolau. *O príncipe*. São Paulo: Cultrix, 1995, p. 108.

caso das instituições financeiras internacionais, pois é levado em conta apenas o dualismo de partes, individualmente consideradas, e não a repercussão coletiva que aquelas têm sobre determinada comunidade.

O primeiro ponto a ser abordado diz respeito à crise econômica do Estado de Direito Moderno, baseado no modelo capitalista liberal, decorrente da retração da atividade produtiva em face dos problemas energéticos causados pela elevação do preço do petróleo na década de 70, cuja conseqüência foi a diminuição da produção e da circulação de mercadorias. Esse fato repercutiu em nível da atividade financeira internacional, porque o custo do dinheiro tomado pelos países em desenvolvimento aumentou sensivelmente (leia-se juros) e com isso também o inadimplemento, gerando uma queda de confiança e credibilidade no resgate dos títulos públicos destes Estados, os quais eram parte expressiva das carteiras de investimento dos Bancos dos países desenvolvidos, em especial nos Estados Unidos da América.

Assim, com a diminuição da oferta de moeda internacional, em especial o dólar americano, para o financiamento das políticas de desenvolvimento e de implementação do bem-estar social, essa teve de ser custeada por sucessivos *deficits* públicos, gerando com isto o chamado imposto inflacionário, em face da emissão desenfreada de moeda, e o empobrecimento não só dos países em desenvolvimento, como o Brasil, mas também das nações mais ricas, cujos efeitos, por óbvio, foram sentidos em menor escala.

A par disso, o desenvolvimento tecnológico, se por um lado gerou o chamado desemprego estrutural, pois inúmeras atividades até então realizadas pelo homem passaram a ser desempenhadas por moderno maquinário, de outro também serviu para afastar do mercado a mão-de-obra menos qualificada, que passou a integrar a chamada economia informal com subempregos ou atividades autônomas, desempenhadas sem que o Estado alcançasse a esses trabalhadores qualquer contraprestação ou benefício social, mas também sem que contribuíssem com alguma receita para possibilitar a implementação de uma política previdenciária de cunho social e humanitário.

De outro lado, o referido desenvolvimento tecnológico também trouxe como corolário o aumento dos custos dos serviços prestados, como, por exemplo, na área médica, o que também gerou maior despesa para o Estado, a fim de atender às necessidades da população quanto às políticas de saúde pública, o que leva à alternativa pouco recomendável de administrar esta área sob a ótica estritamente mercantilista: o atendimento só seria dado a quem pudesse pagar por ele, cuja denominação eufemística de *manager care* dá uma parca idéia da angústia e dor a que são submetidas as classes menos favorecidas com este tipo de atendimento.

A questão emergente dessa conjuntura econômica para o Estado de Direito Liberal é que a diminuição da atividade produtiva implica igual queda da arrecadação do Estado, o que, por sua vez, resulta na possibilidade menor de implementar políticas sociais, pois a capacidade de contribuição tem limites, de sorte que de pouco adianta criar novos tributos ou aumentar as alíquotas dos impostos já existentes, quando não há condições de o contribuinte arcar com este ônus, ciclo este que fragiliza a atuação do Estado no sentido de assegurar a igualdade e a inclusão social, com base na solidariedade e na fraternidade.

Nesse ponto há que ser compreendido que a questão financeira inerente aos juros bancários, embora tenha incidência na esfera privada pelos contratos avençados entre as instituições financeiras e particulares, é de ordem pública, portanto está afeta à regulamentação estatal, não sob a forma do dirigismo, isto é, de uma rígida política de planejamento, com a delimitação completa de sua inserção para atender aos interesses puramente regionais, o que sequer seria admissível no estágio atual das relações sociais no mundo moderno,

40 *JORGE LUIZ LOPES DO CANTO*

mas de maneira pontual, de sorte que os microssistemas jurídicos criados em nível da soberania de cada Estado possam regular situações determinadas e com isso promover a desejada integração social.

Frise-se que a atuação estatal de forma pontual não significa que o Estado delegue, em prol da iniciativa privada, a regulamentação de questões de flagrante interesse público, ao contrário, importa que aquele estabeleça a normatização que melhor se coadune com o desenvolvimento social de seu povo por meio de microssistemas específicos, sem com isso desrespeitar princípios institucionais de sua Carta Magna e mesmo a acordos internacionais, que também levem em consideração esta promoção do bem comum, o que não decorre, necessariamente, do engessamento desta atividade econômica e com isso regular sua política monetária de poupança e crescimento sustentado.

Ainda, quanto à dicotomia existente entre a intervenção estatal de forma pontual e a dirigista, é oportuno definir uma e outra concepção, sendo que a primeira compreende a atuação do Estado sobre o campo econômico pela regulação do mercado em atividades nas quais estejam presentes o interesse público ou o da coletividade.

Portanto, tem-se aqui uma atuação positiva em determinada área econômica, como, por exemplo, a financeira, não só mediante o estabelecimento de regras claras de operação nessa seara, como também, de fiscalização das instituições financeiras, além de agir diretamente neste mercado por meio das autoridades monetárias, a fim de regular a política monetária e corrigir o seu curso, o que é feito pelo Banco Central em suas operações no mercado relativas às vendas de títulos públicos, que se destinam a indicar o preço da moeda de determinado país, ou seja, a taxa de juros.

Entretanto, a intervenção pontual não impede ou exclui a atuação da atividade privada no mercado financeiro, consoante já anotado anteriormente, ao contrário,

ENTRE O PÚBLICO E O PRIVADO
A regulação dos juros bancários e a sua aplicação

o Estado intervencionista aqui tem por objetivo a implementação de uma política desenvolvimentista, solidária com os interesses da coletividade e com a integração da comunidade.

Em contrapartida, a intervenção estatal baseada no dirigismo, também denominado de planificação, tem por escopo fundamental *uma intervenção sistemática do Estado nos domínios econômicos*,[15] o que é feito por meio de uma planificação global e unitária da vida econômica, conduzindo a soluções vinculadas ao modelo do Direito Administrativo e a uma visão estatizada do Direito, na qual vigem os tabelamentos de preços, e todas as variantes do sistema econômico sujeitam-se ao controle estatal, limitando a atuação e o investimento de ordem privada, parâmetros estes há muito abandonados na sociedade moderna, devido à excessiva centralização e comprovada ineficiência, cujo exemplo marcante foi o da extinta burocracia soviética.

Outra classificação existente quanto à intervenção do Estado sobre o domínio econômico é a adotada por Scaff, na qual o viés examinado é o que diz respeito à produção normativa daquele, de tal forma que a condução do modelo econômico adotado pode ser feita, tanto por meio de regras que estabeleçam determinado tipo de comportamento e, no caso de seu descumprimento, uma sanção quando este ocorrer, como, também, normas que incentivem a adoção de uma opção em detrimento de outras, conferindo vantagem econômica àquela. Esta última hipótese é comumente adotada no mercado financeiro no que tange aos juros bancários, a fim de ser implementada a política monetária adotada no país. Aliás, no que concerne ao modelo de intervenção preconizado por Scaff[16] cabe aqui trazer à baila os seguintes ensinamentos:

---

[15] REALE, Miguel. Direito e Planificação. *Revista de Direito Público*, ano VI, nº 24, São Paulo: Revista dos Tribunais, p. 93/97, 1973.
[16] SCAFF, Fernando Facury. *Responsabilidade do Estado Intervencionista*. São Paulo: Saraiva, 1990, p. 47, 49 e 51.

Caso o Estado aja no sentido de conformar o processo econômico, estará atuando sobre o domínio econômico; caso haja no sentido de participar do processo econômico, estará atuando no domínio econômico.

Desta forma, temos que para se perceber a real natureza da norma interventiva sobre o domínio econômico deve-se ter atenção na determinação de comportamento que nela está contida. Se houver vedação real a qualquer comportamento, a norma é diretiva. Caso haja apenas o privilegiamento ou o desincentivo a certa atividade, a norma será indutiva.

Ressalte-se que, em muitos casos, o agente econômico público, interveniente *no* domínio econômico, é possuidor de capacidade normativa, ou seja, pode expedir normas para regular determinados comportamentos econômicos. E o faz intervindo *sobre* a economia através de normas diretivas e indutivas. No Brasil podemos citar o exemplo do Banco Central, que é um ente descentralizado – uma autarquia – mas tem capacidade normativa para intervir *sobre* o sistema financeiro.

É de se levar em linha de conta, também, que à política monetária nacional interessa a promoção social de toda a coletividade, e não apenas individualmente a cada cidadão. Portanto, temos aqui um interesse preeminentemente difuso, de sorte que as decisões sobre cada relação contratual, no que diz respeito aos juros bancários, interessam a todos os indivíduos de uma sociedade, e não apenas a determinados grupos que se beneficiem com determinada normatização. Assim, a interpretação aqui deve atender não só aos aspectos teleológicos da regra, como também à principiologia que está inserida neste campo do Direito.

Há que se atentar, igualmente, que o agravamento da situação econômica na atual conjuntura foi causado também pela crescente idéia de mundialização da economia, mediante a internacionalização dos mercados de insumo, consumo e financeiro, sem que haja a correspectiva distribuição de riquezas. Assim, de um lado há uma crescente limitação às políticas cambial, monetária e fiscal dos Estados nacionais, de outro não há o correlato aporte de financiamento dos chamados países em desenvolvimento, a fim de que estes possam fazer frente às demandas sociais, sem que para tanto haja uma ruptura com a democracia e com a organização do Estado de Direito como o conhecemos atualmente.

ENTRE O PÚBLICO E O PRIVADO
A regulação dos juros bancários e a sua aplicação

A globalização tem influência direta nessa crise do Estado Democrático de Direito, pois a fragmentação da atividade produtiva, a flexibilização das plantas industriais, e a possibilidade de mudança rápida das matrizes de produção, a fim de que esta possa ser implementada em qualquer país, acarreta a chamada "flexibilização" nas relações de trabalho, ou seja, na iminência de perder o emprego formal, o trabalhador se vê obrigado a renunciar a importantes conquistas sociais.

Dessa forma, qualquer bem de consumo pode ser produzido em qualquer parte do mundo a custos sempre menores, isto é, onde os encargos sociais sejam reduzidos ou a atividade industrial subsidiada por investimentos públicos, cuja defesa daqueles direitos sociais no dizer de Faria "fica ao sabor da capacidade de pressão e mobilização deste ou daquele sindicato ou movimento comunitário".[17] Aliás, esta visão é compartilhada por Grau ao asseverar que a globalização:

> (...) ameaça a sociedade civil, na medida em que está associada a novos tipos de exclusão social, gerando um subproletariado (*underclass*)...; instala uma contínua e crescente competição entre indivíduos; conduz à destruição do serviço público ... Enfim, a globalização, na fusão de competição global e desintegração social, compromete a liberdade.[18]

Contudo, quanto à globalização, é necessário examiná-la, também, sob a ótica sistêmica, ou seja, que esta se trata de uma realidade e como tal deve ser enfrentada e discutida, pois uma visão excessivamente pessimista em nada contribui para uma análise valorativa desse fato político e econômico, na medida em que, como mesmo assevera Peluso:

> (...) o direito econômico disciplinaria a atividade econômica a seu modo, em qualquer regime econômico, assim, mesmo que o conteúdo político da norma venha a variar, por exemplo, nos diferentes regimes políticos, não chega a comprometer o sentido de sua expressão jurídica, refletindo as

---

[17] FARIA, José Eduardo. Globalização Econômica e Reforma Constitucional. *RT*, nº 736, São Paulo: Revista dos Tribunais, p. 16/17, fevereiro de 1997.
[18] GRAU, Eros Roberto. *A Ordem Econômica na Constituição de 1988*. 4ª ed. São Paulo: Malheiros Editores, 1998, p. 39.

tendências de ampliação das áreas de relacionamentos econômicos além das fronteiras políticas nacionais, a "engenharia jurídica", que já havia concebido as empresas multinacionais, busca trazer para o espaço ampliado a totalidade das atividades econômicas, pela via do que se vem chamando de "globalização".[19]

Portanto, o fenômeno econômico, político e social denominado globalização ou mesmo mundialização da economia, em especial no que tange a sua repercussão financeira quanto aos juros bancários, pode ser examinado como uma via de duas mãos, isto é, as políticas econômicas nesta área não podem ser vistas apenas sob a ótica da autonomia contratualista do direito privado ou como fonte de enriquecimento de especuladores, ou mesmo de instituições financeiras pelo livre trânsito desses ativos, mas como forma de desenvolvimento social, agregando a essa a idéia de defesa dos interesses coletivos.

Chega-se a tal conclusão, na medida em que as economias desenvolvidas primam por defender os direitos difusos em suas sociedades, princípios e regras que também devem ser compartilhadas, a fim de que se obtenha um bem-estar social integrado e solidário, o que pode ser alcançado, por exemplo, por meio da tributação dos ganhos de capital que excedem a certos limites, estabelecidos regionalmente pelos Estados soberanos quanto aos denominados direitos republicanos, o que traz à baila novamente a intervenção de forma pontual nesta seara.

Ressalte-se que o sistema financeiro já se encontrava sob a égide da internacionalização das finanças e da economia mundial desde a conferência de Bretton Woods, em julho de 1944, cujos principais artífices foram o inglês John Maynard Keynes e o americano Harry Dexter White, este último então assessor técnico do Secretário do Tesouro americano Henry Morgenthau, resultando desse debate intelectual, capitaneado por White, na criação de duas instituições que tinham

[19] SOUZA, Washington Peluso Albino de. Op. cit., p. 42/43 e 216.

ENTRE O PÚBLICO E O PRIVADO
A regulação dos juros bancários e a sua aplicação

por objetivo serem os Bancos Centrais de um mundo sem guerras e nacionalismos econômicos, quais sejam: o Fundo Monetário Internacional (FMI) e o Banco Internacional para Reconstrução e Desenvolvimento (Banco Mundial).

Note-se que a conferência precitada foi marcada por duas idéias básicas que serviram à estruturação da nova economia internacional, segundo Moffitt, "a primeira de que os Estados Unidos assumiriam o papel de potência hegemônica, pois era o único país com meios para financiar a reconstrução econômica do mundo; a segunda, era de que os acordos de Bretton Woods objetivavam proporcionar um clima monetário estável e flexível, a fim de facilitar uma retomada do comércio mundial, essa era a responsabilidade do FMI".[20]

Assim, no acordo de Bretton Woods foram atingidos em parte os objetivos precitados e reorganizadas as finanças monetárias internacionais, com a criação de um sistema misto entre a adoção de um padrão completo de papel-moeda e um retorno ao padrão ouro, de sorte que o dólar americano passou a equivaler ao ouro, garantindo a estabilidade monetária por meio da criação de taxas de câmbio fixas para inúmeras moedas nacionais, o que serviu para que o mundo tivesse duas décadas de desenvolvimento e estabilidade econômica.

Frise-se que isso perdurou até 1960 sem controvérsia, quando então o professor Robert Triffin, de Yale, apontou a deficiência do sistema com a diminuição das reservas americanas de ouro, críticas estas acolhidas pelo Secretário do Tesouro americano Connally, conservador e nacionalista, culminando por determinar como padrão monetário internacional o dólar, desde 1971 sem o lastro respectivo no padrão ouro, pela Nova Política Econômica (NPE) implantada por Nixon, o que, na

---

[20] MOFFITT, Michael. *O Dinheiro do Mundo – De Bretton Woods à Beira da Insolvência...* Traduzido por Lucas de Azevedo Assunção. Rio de Janeiro: Paz e Terra, 1984. Tradução de: *The World's Money, p.* 15 e 20.

prática, importou na denúncia unilateral do acordo de Bretton Woods pelos Estados Unidos da América.

O dado irônico dessa engenharia econômica de relativo sucesso foi que seu principal arquiteto, White, não viveu o suficiente para ver este êxito, pois faleceu em 1948 de ataque cardíaco, quando prestava depoimento no temido comitê de Atividades Antiamericanas do Congresso, onde foi acusado de "esquerdista" e de participar de uma rede de espionagem soviética. Melhor assim, pois talvez aquele frágil coração não suportasse, anos mais tarde, a acusação de ser o mentor do órgão monetário internacional (leia-se FMI) que é taxado pelas esquerdas de deflator da miséria no mundo. Ao cabo e ao fim, ambas as facções, direita e esquerda, deveriam ter suas razões para odiá-lo.

Dessa forma, está montado o cenário mundial para administração das questões relativas às taxas de juros internacionais e a repercussão destas na fixação dos juros regionais, inclusive quanto à limitação destes como forma de implementar uma política desenvolvimentista, mediante a atuação dos Bancos Centrais nacionais, o que serve também para gerenciar a oferta e a demanda de investimentos de cada país, atentando para o fato de que nenhuma economia pode viver isoladamente, sem que sofra as conseqüências disto e importe em pesado tributo social para seu povo.

A última questão a ser tratada é o enfoque de ordem financeira, o qual também tem repercussão na crise do Estado de Direito, visto que nessa área é de fundamental importância a intervenção estatal na administração de preços, em especial, na política de juros, que influi diretamente no volume de meios de pagamento disponíveis, sendo que se os patamares das taxas de mercado são mantidos elevados, resulta na falta de financiamento para o consumo e, também, na criação de uma poupança forçada, com o efeito indesejável da recessão, caso esta seja a única alternativa para manutenção de uma estabilidade econômica artificial.

Veja-se que este tipo de política denominada de neoliberal privilegia também os investimentos de capital especulativo estrangeiro, que não importam em investimentos de longo prazo, mas sim de aplicação monetária de curtíssimo e de curto prazo. Isso faz com que o Estado tenha uma maior despesa financeira com o pagamento do capital principal em pequeno lapso de tempo, vindo a realimentar o *deficit* público, trazendo como conseqüência a diminuição da capacidade de investimento do país nas áreas sociais, situação que leva ao descrédito político e põe em risco as instituições democráticas.

Tal cenário desfavorável leva necessariamente à criação de mecanismos que permitam um maior comprometimento da sociedade na resolução de suas questões sociais, na qual a atividade do Estado seja complementar, a fim de que determinadas responsabilidades sejam assumidas pela comunidade no intuito de implementar uma estratégia de autogestão, no qual um sistema cooperativo deve ser a base de sustentação político-econômica, bem como as coletividades assumam a gestão participativa dos serviços públicos.

É evidente que não se está pregando aqui um Estado mínimo pela omissão, ao contrário, que a atuação estatal de intervenção se faça presente, mas de forma descentralizada e transparente, no sentido de que a solidariedade seja incentivada, e não o clientelismo e a dependência de um Estado provedor e, ao mesmo tempo, descompromissado com a realização do exercício da cidadania, pois os avanços sociais são um direito, e não uma dádiva do poder político. Portanto, uma consistente política de juros é fundamental para o investimento no crescimento econômico, de sorte que a remuneração dos agentes superavitários não importe no enriquecimento exclusivo das instituições financeiras, as quais devem intermediar a distribuição destes recursos para os agentes deficitários, a fim de que essa transferência de ativos monetários importe em aumento de produção e consumo.

Dessa forma, analisada a conjuntura econômico-financeira antes mencionada é que se pretende mitigar a situação das classes desfavorecidas em virtude de sua fragilidade econômica pela intervenção estatal, em especial no que tange ao Poder Judiciário, que deve aplicar os princípios de direito da proporcionalidade, da economicidade e do não-retrocesso social, quando do exame das questões que envolvam interesses sociais (difusos e coletivos), os quais, em última análise, servem para a parametrização dos custos individuais e da coletividade, além de garantir o equilíbrio econômico entre estes, de sorte a que, por intermédio da hermenêutica, sejam dadas soluções criativas, de acordo com o contexto social, e não apenas traduzam a reprodução do direito positivado, que, no mais das vezes, atende apenas ao interesse da classe dominante.

O corolário dessa reflexão não pode ser outro que não o questionamento quanto à forma de atuar do operador do Direito, isto é, deve-se ter em mente as repercussões econômicas de sua decisão ou se estas devem estar subsumidas às questões de cunho jurídico, pois não é exigível que o magistrado, ao decidir quanto à manutenção de determinada garantia constitucional, aprecie também a repercussão desta decisão no orçamento do Estado, pois a organização desse poder político deve servir à preservação dos direitos republicanos e do exercício da cidadania, e não à simples manutenção do equilíbrio orçamentário da máquina estatal. Embora essa realidade também não possa ser desconsiderada, deve a mesma ter valoração menor e conforme aos princípios levados em conta para decisão de determinado litígio.

Portanto, princípios como os da proporcionalidade e da economicidade devem prevalecer na solução dos conflitos de interesses levados à apreciação do Judiciário, sob pena de se transformarem estas decisões em reproduções de padrões preestabelecidos, sem maior questionamento ou comprometimento com a realidade social, o que serve para aumentar ainda mais a distância entre o agregado social e aquele que julga os conflitos decorrentes das tensões deste convívio.

Assim, por este viés é de se concluir pela necessidade da intervenção estatal sempre que estiver em risco ou forem desrespeitados os direitos humanos, em especial, os de terceira geração que tratam dos interesses difusos, também denominados de republicanos, mesmo sob a égide atual do fenômeno da globalização e ainda que se admita a existência do pluralismo jurídico. Por via de conseqüência, caso o patrimônio econômico de um país estiver sob o ataque especulativo, o Estado deve intervir, tanto em nível governamental como pelo Poder Judiciário, a fim de que se restitua o equilíbrio de forças, utilizando-se de princípios como os da eqüidade e da economicidade para este fim, este último tendo por base a paridade na relação custo individual e benefício social, a fim de valorar tanto o lucro privado como o social na construção de uma sociedade mais equânime e justa.

Entretanto, é de se ressaltar que esta intervenção estatal deve ocorrer de forma descentralizada e transparente, comprometida com a realização do exercício da cidadania, pois os avanços sociais são um direito, e não uma dádiva do poder político, portanto, nesse diapasão, é de importância estratégica a implementação de uma consistente política de juros para o investimento no crescimento econômico, de sorte que esta transferência de ativos monetários importe em aumento de produção e consumo, e não apenas no ganho desmedido das instituições que realizam essa intermediação.

1.3. A intervenção estatal no Brasil quanto à política de juros

No que concerne à intervenção estatal no Brasil quanto ao juros bancários, mister se faz o exame de algumas questões. Em primeiro lugar, se é necessária a atuação do Estado nesta área da política monetária brasileira; segundo, a que ente jurídico pertence este controle, como e em que situações ele ocorre, em qual campo do Direito está o mesmo inserido quais suas repercussões jurídicas; e, por fim, qual o órgão ou entidade financeira que detém o poder de administração e controle do crédito, em especial, quanto ao preço a ser exigido pela moeda circulante no país (leia-se juros)? O primeiro ponto a ser abordado diz respeito à intervenção administrativa do Estado na política de juros. A mesma está afeta ao denominado poder de polícia estatal, visto que cabe ao governo brasileiro regular a política monetária nacional, ou seja, garantir a credibilidade da moeda – interna e externamente, em termos macroeconômicos –, a estabilidade dos preços e do sistema bancário e financeiro, sendo necessário para tanto o poder exclusivo quanto à emissão da moeda nacional com curso forçado e não conversível em metal. Deve ser aceita por todos cidadãos de determinado país com poder liberatório e sem que tenha por lastro ou possa ser trocada com o governo por ouro. Em última análise, tenha valor intrínseco, bem como administrar a oferta monetária para liquidez do sistema e manutenção dos preços pela expansão ou retração do consumo, com a conseqüente diminuição ou aumento da poupança interna.

O ente jurídico responsável por essa política monetária é a União Federal, consoante os ditames estabelecidos constitucionalmente nos arts. 21, incs. VII e VIII, e 22, incs. VI, VII e VIII, da nossa Carta Magna, cuja competência para legislar quanto a este tema é privativa, portanto, cabendo ao Governo Federal gerir a equação econômica de circulação da moeda, aqui considerada tanto a manual, isto é, de emissão privativa do governo – dinheiro –, o qual obriga os cidadãos de seu Estado a aceitarem a mesma como parâmetro de troca por determinada mercadoria e como meio de pagamento com poder liberatório de qualquer vínculo obrigacional, assim como a escritural, contábil ou bancária, consubstanciada na capacidade que tem uma instituição financeira de, por meio de depósitos que detêm em dinheiro, em dado lapso temporal, emprestar o mesmo montante inúmeras outras vezes, também em termo certo. O elemento que se agrega a estes mútuos bancários são os juros, que economicamente representam o preço pela moeda dada ao tomador em fidúcia.

É oportuno trazer à baila aqui a equação de Irving Fisher referente à formação dos preços no mercado, levando em conta os meios de pagamento, ou seja, tanto a moeda manual como a escritural, cuja fórmula é assim expressada:

$$MV + M' V' = PQ$$

sendo que:
M = Moeda manual
V = Velocidade da moeda manual
M' = Moeda escritural ou bancária
V' = Velocidade da moeda escritural ou bancária
P = Preço
Q = Quantidade de bens transacionados
Donde se conclui que P = $\dfrac{MV + M' V'}{Q}$

Assim, os juros fixados no sistema financeiro são fundamentais para estabelecer uma política fundada no desenvolvimento sustentado de um país, de sorte que os mesmos não sirvam como fator de estímulo à retomada da escala inflacionária, com a oferta desordenada e abundante de moeda, o que acarretaria a elevação desmedida dos preços, nem uma restrição excessiva ao volume de moeda em circulação, o que implicaria não só a queda dos preços, mas a sua contrapartida, recessão e desemprego.

Por conseguinte, a administração dos juros é gerida pelo Governo Federal, não só na restrição à moeda escritural, com a instituição de depósitos compulsórios dos Bancos na Autoridade Monetária competente, a fim reduzir a disponibilidade daquela, como também, pela limitação à emissão da moeda manual (dinheiro), diminuindo a sua oferta, o que acarreta maior procura desta e aumento de seu preço (juros), daí resulta a necessidade de que esse controle seja feito de forma eficaz no conceito restrito de títulos de pagamento (moeda manual e escritural), o qual representa a capacidade de exercer poder de compra à vista.

Evidentemente que é um tratamento simplificado do que ocorre na atividade financeira, no qual as variáveis envolvidas são inúmeras, pois, além da demanda e da oferta de moeda, há que se levar em conta também a demanda e a oferta dos fundos de empréstimo, a expectativa de liquidez, o tempo e o risco do negócio, assim como, o próprio custo operacional dessa transação e o lucro pretendido com a mesma pelo agente financeiro que intermediou os recursos, isto é, repassou estes dos agentes superavitários, ou seja, aqueles que têm reservas financeiras, porque não consomem a integralidade de seus ganhos, aos deficitários, cujas necessidades de consumo são maiores do que os seus rendimentos. Portanto, por esse viés, as instituições financeiras são responsáveis também pela política monetária nacional.

Dessa forma, é de fundamental importância a atuação da União na gestão da política dos juros, cuja ação está consubstanciada no ato jurídico, político e econômico de regular o mercado financeiro, gerando uma política de desenvolvimento social e econômico, voltando-se então à máxima da economia de: *satisfazer as necessidades crescentes do homem com os recursos escassos que tem à sua disposição*; decorrendo desse fato a conseqüência jurídica de realizar os interesses individuais e coletivos com as disponibilidades existentes no mercado de capitais. Aliás, a esse respeito, Camargo[21] trata com maestria as relações entre o poder estatal e o econômico ao asseverar que:

---

[21] CAMARGO, Ricardo Antônio Lucas. *Breve Introdução ao Direito Econômico*. Porto Alegre: Fabris, 1993, p. 30 e 31.

São relações extremamente tensas no plano sociológico, dado que ora temos como associados, ora os temos como antagonistas. E mesmo os momentos em que se devem colocar como associados ou antagonistas são de difícil determinação. A gravidade do impasse só pode ser aquilatada se consideramos que as manifestações de poder, público ou privado, perante a realidade econômica só podem ser bem sucedidas na medida em que há uma certa segurança na concretização dos resultados. A solução para tamanho impasse só pode ser dada pelo Direito. Isto porque, considerado este como técnica de realização de interesses, mensura a conveniência e a utilidade de o poder econômico e o poder estatal se associarem e, nos casos de conflito, estabelece a prevalência de um ou de outro, conforme o valor que a norma vincule ao fato. Desta forma, observa-se que, mesmo no Estado absenteísta, o Direito não é indiferente às relações entre o poder econômico e o poder estatal, dado que os freios a estes postos decorrem de prescrições normativas.

Assim, exsurge o dilema de sistematizar normas gerais de ordem pública preservando a liberdade de contratar e, ao mesmo tempo, intervir na atividade econômica, a fim de preservar os interesses difusos aos quais estão submetidos os contratos de consumo referente às atividades bancárias. A par disso, não menos importante é a questão atinente à opção político-jurídico-financeira de preservar isoladamente o interesse particular de um determinado correntista de uma instituição bancária ou o sistema financeiro como um todo, com a sua regulamentação específica referente ao mercado de capitais, sendo que nessa hipótese há de ser valorado o seguinte: qual o interesse que deve prevalecer: o de ordem privada ou o público?

Contudo, não há a menor dúvida de que o Estado deva regulamentar esta atividade financeira em nível macroeconômico, possibilitando com isso o estabelecimento de regras de ordem pública que sirvam para sistematizar e preservar o sistema monetário, devendo atuar de duas maneiras: nos depósitos compulsórios na autoridade monetária competente referente aos depósitos realizados à vista nas instituições financeiras, diminuindo com isso a emissão de moeda escritural; e pela venda de títulos públicos no mercado financeiro, o que serve não só para a diminuição da liquidez deste, como também para a tomada de dinheiro pelo Estado a fim de financiar a realização dos objetivos governamentais de ordem social e econômica.

Ressalte-se que as taxas de juros quanto a esses papéis são reguladas no mercado financeiro pela variação da SELIC, que é o sistema de liquidação e custódia dos títulos públicos (municipais, estaduais e federais), o qual é feito de forma eletrônica – informatizada –, operação realizada pelo DEMAB (Departamento de Mercado Aberto do Banco Central), sendo, em última análise, essa a taxa de juros que rege o mercado financeiro, servindo para controlar a liquidez do sistema.

A par disso, há também a taxa de juros referente aos títulos privados, ou seja, emitidos pelos Bancos Particulares, a qual é regida pela CETIP (Central Especial de Títulos Privados), que de regra seguem os percentuais de juros negociados diariamente nas operações atinentes aos títulos públicos de curto prazo, ou seja, acompanhando a variação das taxas referentes a este mercado (SELIC).

Assim, a SELIC é considerada a taxa básica de juros da economia, pois também é usada nos empréstimos que o Banco Central faz às instituições financeiras, servindo de referência para formação de todas as outras taxas de juros do mercado financeiro.

Quanto a isso, fica evidente o interesse público existente na regulamentação do sistema financeiro, o qual refoge a mera seara privada ou de consumo no que tange aos interesses puramente particulares, de sorte que as regras fixadas pela União para administração e controle desse sofisticado sistema de crédito estão afetas ao direito econômico público, devendo ser examinadas através desse prisma, sob pena de ser estabelecido o caos financeiro por uma dupla gestão da política monetária nacional, ora com a prevalência do interesse público vigente ora com a do interesse particular, sendo considerado aqui tanto aquele referente à das instituições financeiras como à dos consumidores no trato de seus contratos bancários.

Note-se que o corolário jurídico que exsurge do reconhecimento de que a questão dos juros bancários suplanta o mero interesse econômico particular e deve ser tratado no campo do direito público importa, também, em admitir que de pouca eficácia é a resolução dos conflitos que surgem nessa área sob a ótica privatista, tanto no que diz respeito ao puro e simples cumprimento contratual nas questões atinentes aos mútuos bancários, como sobre o viés simplista de uma mera relação de consumo, quando, em verdade, as regras fixadas pela União para política monetária nacional devem ser levadas em conta, inclusive para que não seja atingido o mercado de crédito, com a perda da credibilidade e a conseqüente restrição daquele, ou o próprio aumento da taxa de juros pelo desconhecimento de tais regras e imposição de conceitos jurídicos equivocados e dissociados da realidade econômica, o que justifica a propugnada regulação estatal dos juros no campo monetário-financeiro.

No âmbito do órgão do poder público federal responsável por implementar a política monetária nacional, regulando o volume de dinheiro e de crédito no país, em especial, no que diz respeito ao preço a ser exigido pela moeda em curso no Brasil, isto é, os juros bancários, mister se faz uma breve análise quanto ao sistema financeiro brasileiro, partindo esse exame do estudo do Banco Central, o qual exerce as funções precitadas no país e foi criado em abril de 1965, cujo relator do projeto, que tramitou por mais de quinze anos na Câmara Federal foi o saudoso deputado federal Ulisses Guimarães, último ponto a ser abordado nos questionamento encetados neste tópico.

A criação do Banco Central do Brasil enfrentou uma grande celeuma jurídica e política, tendo em vista que as funções do mesmo até então vinham sendo exercidas em parte pelo Banco do Brasil e também pela

SUMOC (Superintendência da Moeda e do Crédito), criada pelo Decreto-Lei 7.923 em 02-02-1945 por proposição de Octávio Govêa de Bulhões para funcionar por cerca de quinze (15) meses, mas atuando por quase vinte (20) anos. Assim, que alguns dos deputados da época defendiam que a criação daquele que seria o Banco dos Bancos, o que segundo outros importaria na destruição do Banco do Brasil, já atuante como um banco central, preocupação externada nos anais da Câmara Federal, inclusive com a transcrição de manifestação de funcionários daquele banco quanto aos "prejuízos com a rapidez, qualidade e custos das operações ao se transformar em mero executor da políticas do Conselho Monetário Nacional, sob a fiscalização da SUMOC".

Evidentemente que o clima emocional e as questões políticas dominaram o cenário brasileiro muitas vezes em detrimento das técnicas, sendo que, em um dos substitutivos do projeto original do Banco Central, foi estruturado o Conselho Monetário Nacional, cuja composição teria, além do Ministro da Fazenda, quatro diretores do Banco Central e dois da CACEX do Banco do Brasil, culminando assim por preservar os interesses deste banco e do governo militar de então, dando início aqui a uma experiência nova. Aliava-se, aí, à autoridade financeira daquele conselho uma cúpula político-administrativa, a fim de tentar conciliar a essa política a demanda de recursos financeiros, de sorte que no mesmo órgão gestor estivessem reunidos tanto os consumidores da moeda como os seus supridores, a fim de que tomassem decisões conjuntas.

Cabe ressaltar que as diretrizes do Conselho Monetário Nacional quanto a sua composição estão estabelecidas no art. 6º e em seu § 1º no que tange ao setor deliberativo, bem como no art. 7º no que se refere ao setor consultivo, sendo essa a redação final dada à Lei 4.595/64, mantendo a concepção inicial de participar do mesmo órgão de Estado tanto os consumidores como os supridores da moeda, pois permaneceram na composição deliberativa os presidentes do Banco do Brasil S.A. e do Banco Nacional de Desenvolvimento Econômico, o que foi considerado um avanço para época, e, hoje é visto com restrições, porque já foi objeto de Comissão Parlamentar Mista de Inquérito instalada pelo Congresso Nacional em 1993 quanto à composição do referido Conselho, sob a argumentação de que este se constituiria em um novo poder da república: o "bancário".

Entretanto, prevaleceu a idéia de criação do Banco Central, autarquia federal, à semelhança dos países desenvolvidos e com tradição democrática, tornando-se o órgão coordenador do Sistema Financeiro Nacional e executor da política monetária nacional, tendo em vista a sua necessária predisposição técnica a tratar de temas como os juros bancários, os quais são sempre motivo de muita discussão e confrontos emocionais, prevalecendo aqui concepções de cunho religioso e ideológico em vez de político, econômico e jurídico, pois não é crível que se dissocie da realidade e do sistema vigente, nem das opções político-ideológicas feitas pela nossa Carta Constitucional, tentando distorcê-las e manipulá-las com conceitos de direito privado, cuja incidência e aplicação não se inserem no campo do direito público econômico ao qual pertence a política monetária dos juros bancários.

Aliás, a existência do Banco Central é fundamental, pois passou a administrar também a conta-movimento do Tesouro Nacional para qual afluem os recursos obtidos com os tributos, com a venda de títulos públicos, com a emissão de moeda e pela captação de empréstimos externos.

Dessa forma, o Banco Central funciona como órgão regulador da liquidez do mercado e controlador da política de créditos, garantindo a estabilidade da moeda e dos preços. Logo, se a taxa de juros está caindo, em tese, há muito dinheiro na praça, então o BACEN, por meio da sua mesa de operações no mercado aberto, vende títulos públicos e enxuga o dinheiro, ao passo que, se os juros sobem, há pouco dinheiro, assim realiza o caminho inverso, comprando os referidos títulos, o que dá liquidez ao mercado financeiro, consoante preceitua o art. 164, § 2º, da Constituição da República.

Frise-se que esta operação de diminuir ou aumentar o fluxo do dinheiro no mercado também pode ser feita por meio da reserva legal, ou seja, o depósito compulsório que todos os bancos comerciais devem fazer ao BACEN, o que reduz o poder de emissão da moeda escritural, tornando a oferta de crédito mais restrita e seletiva e, por via de conseqüência, aumentando a taxa de juros no mercado bancário, de sorte que a diminuição dessa reserva acarreta também a baixa dos juros.

No que concerne à administração da liquidez do mercado (leia-se dinheiro em circulação e em poder da população), consoante já esclarecido anteriormente, participam ativamente dessa os bancos privados pelos *"Dealer's"*, ou seja, estes são os bancos privados que atuam como intermediários na compra-e-venda dos títulos públicos para o Banco Central. Este conduz o leilão, o qual é realizado todas as terças-feiras e liquidado nas quartas-feiras, mas só aqueles participam, sendo que o BACEN diz as operações que vai fazer, e os bancos informam o quanto pagam ou recebem por aqueles títulos.

Frise-se que, para fazer parte desse seleto grupo de bancos é preciso ter grande capacidade financeira, possuir uma grande capilaridade no mercado, altos índices de eficiência e rentabilidade e condições de trabalho em nível nacional, pois o *"Dealer"* significa repassador de dinheiro, cuja origem vem do *"poker"*, ou seja, o jogador que distribui as cartas, no caso em exame, o dinheiro, sendo que estes estão ligados às instituições bancárias denominadas *"Brokers"*, ou seja, Bancos menores que repassam esse dinheiro ao mercado.

É importante mencionar que o BACEN exerce a fiscalização e o controle quanto à atuação dos *"Dealers"*, sendo que analisa os vinte e cinco (25) bancos que atuam nessa função, estabelecendo que os dois bancos que obtiverem as piores pontuações na realização dessa intermediação são descredenciados, a partir daí são escolhidas outras duas instituições financeiras atuantes no mercado para participarem desses leilões informais de títulos públicos.

Assim, denota-se que está presente nesse mercado bancário o princípio da livre concorrência no sistema financeiro, o qual vem aumentando com o ingresso no país de bancos estrangeiros, o que por certo importará em benefícios para o consumidor de crédito, embora ainda haja restrições à entrada de novos *players*, o que importa em maior concentração no sistema financeiro à semelhança dos demais países capitalistas.

É sempre bom lembrar que o controle dessas operações de mercado aberto é feito pela mesa de operações do Banco Central, bem como que a finalidade da mesma é regular a liquidez do mercado, o que também é realizado pelas operações de redesconto, nas quais o BACEN alcança empréstimos para os Bancos Comerciais e do depósito compulsório a que estão sujeitos estes, conforme esclarecido anteriormente, instrumentos utilizados para o controle da base monetária.

Ainda, os bancos atuam no varejo do mercado pela alavancagem operacional, isto é, a capacidade que cada instituição financeira tem de transformar depósitos (não remunerados) captados de pessoas, físicas e jurídicas, em operações de crédito pelas taxas de juros de livre aplicação, de acordo com a resolução do BACEN nº 2.099/94, na qual foi acolhido o padrão fixado no acordo da Basiléia (Suíça) no que tange à limitação da criação de moeda escritural, dependendo do volume financeiro captado, o que é implementado pelo depósito bancário compulsório na conta de reservas bancárias mantida no Banco Central.

Ademais, as instituições bancárias também têm acesso a empréstimos de liquidez denominada de redesconto, ou seja, acesso restrito de crédito no Banco Central, cuja taxa de juros é inferior às de aplicação, o que é feito na União através da conta movimento, servindo para dar acesso indireto do público ao dinheiro, bem como para financiar a atividade bancária com vantagem competitiva, pois esses custos estão abaixo das taxas que os bancos cobram no mercado. Assim, o ônus relativo à qualidade do crédito cabe exclusivamente aos bancos, pois o dinheiro passa a ser mais abundante no mercado, logo, se a instituição financeira empresta mal, não é justificativa para aumentar a taxa de juros.

Contudo, não é isso que se verifica na prática, conforme se vê da manchete estampada no Jornal Folha de São Paulo de 13-02-2001, sob o título de que *"dívida em atraso faz juro subir no varejo"*, cuja matéria na página B1 indica o aumento do índice de inadimplência e o conseqüente aumento da taxa de juros para o crédito direto ao consumidor, situação que, no caso das instituições financeiras, não deveria ser repassada ao consumidor, em especial, aos "bons pagadores", os quais terão o acesso ao crédito dificultado em função de uma má análise qualitativa dos tomadores de empréstimo por parte daquelas instituições, custo que está sendo repassado à totalidade dos consumidores, sem que haja qualquer voz dissonante a esse respeito.

Por esse viés ao que parece poucos ou quase nenhum dos operadores do Direito que versam sobre a matéria atinente ao Código do Consumidor estiveram atentos a essa questão, nem às soluções que poderiam ser adotadas, como por exemplo, a observância da taxa de reciprocidade para os clientes que se utilizaram desse tipo de mútuo e mantêm conta-corrente no banco mutuante, podendo com isso se valer de taxas menores para o seu financiamento.

Outra questão que merece ser enfocada diz respeito ao Conselho Monetário Nacional, o qual tem por objetivo adaptar o volume de meios de pagamento às reais necessidades da economia e a seu processo de desenvolvimento, regular o valor interno e externo da moeda, bem como coordenar as políticas monetárias, creditícias, orçamentárias, fiscais e da dívida pública, tarefas estas que são executadas pelo Banco Central como vimos anteriormente, pelo controle do crédito, recebendo o recolhimento do compulsório quanto às operações bancárias, realizando operações de redesconto, compra e venda de títulos públicos, fiscalizando as instituições financeiras e executando a compensação de cheques e outros papéis.

A par disso, no Banco Central existe o Comitê de Política Monetária (COPOM), formado por um colegiado de membros da diretoria daquele Banco e presidido por seu presidente, o qual por meio de reuniões mensais define a meta para a taxa SELIC, que representa a média dos negócios de curtíssimo prazo com os títulos públicos, em especial os federais, consoante já analisado anteriormente, sendo que esse colegiado estabelece as tendências da taxa de juros futura para o mercado de capitais, podendo indicar baixa, alta ou neutro para o período considerado, o que leva necessariamente ao enxugamento da base monetária ou sua expansão, de acordo com a opção adotada.

Ressalte-se que todas essas operações visam fundamentalmente a transformar os prazos das operações, pois os agentes superavitários têm recursos disponíveis por tempo variado, de sorte que as instituições financeiras transferem-nos para os agentes deficitários, compatibilizando suas operações passivas (captação) com as ativas (aplicações), de forma a garantir liquidez aos seus clientes em qualquer modalidade de investimento.

A par disso, também transformam magnitudes de capital, ou seja, aceitam aplicações financeiras de qualquer valor, acumulando volumes significativos de recursos, com vista a realizar uma aplicação financeira de maior envergadura. Igualmente, no que tange às aplicações financeiras o poupador (agente superavitário), para realizá-las, leva em conta a rentabilidade, liquidez e segurança, de sorte que os produtos são padronizados e amplamente conhecidos quanto a sua natureza, o que de certa forma põe em cheque costumeiras alegações de boa-fé, pois esta é fundada essencialmente no desconhecimento de determinada operação.

Note-se que a noção abordada nesse tópico, quanto ao que se entende por agente superavitário, é de ordem econômica, o que não afasta a utilização desta concepção para o Sistema Financeiro da Habitação, embora a sua regulação através da Lei 4.380/64 seja própria e especial. Igualmente, não há dificuldade em compreender e aplicar o entendimento precitado no campo do direito quanto a este sistema, inclusive sob o prisma dos recursos aplicados no mesmo, cujas fontes de captação advêm desde a carteira de poupança livre até a dos depósitos compulsórios do Fundo de Garantia por Tempo de Serviço – FGTS (Lei 5.107/66).

Na primeira hipótese antes mencionada de fonte de recursos do crédito imobiliário não há qualquer dúvida, pois o poupador-investidor será remunerado pelo pagamento das prestações do mútuo habitacional. Já na segunda possibilidade trazida à baila de custeio do referido sistema, que versa sobre o depósito compulsório de valores pertencentes ao trabalhador, o qual se encontra na posição de investidor, ainda que compulsoriamente, este também será satisfeito mediante o pagamento das prestações devidas ao Sistema Financeiro da Habitação pelo mutuário do crédito habitacional. Contudo, a liberação do investimento feito nessa espécie de crédito para o trabalhador dependerá de regras próprias estabelecidas para a gestão do referido Fundo de Garantia por Tempo de Serviço, mesmo assim, em quaisquer das situações aqui enfocadas as instituições financeiras servirão como intermediadoras e depositárias dessas riquezas, fazendo *jus* a remuneração pela realização destas atividades.

É claro que o modelo acima descrito é bastante simplificado, circunscrito a um mercado específico e não apresenta a integralidade das variáveis a serem levadas em conta, portanto, não retratando toda a complexidade das relações financeiras desse tipo no Estado brasileiro, até porque este possui um intrincado e refinado sistema financeiro, no qual são aplicados diariamente magnitudes de capital diferenciadas em prazos igualmente variáveis e distintos, o que torna a fixação do preço do dinheiro para as diversas possibilidades de investimento e de tomada de capital uma questão estratégica, a ser tratada não só sob o prisma técnico jurídico-econômico, mas também do ponto de vista social, quanto aos interesses que a sociedade brasileira entende como preponderantes e que devam ser preservados.

O resultado de todas essas atividades nos mercados de crédito, capitais e monetário leva à fixação dos custos do dinheiro, o que representa o estabelecimento das taxas de juros, as quais não são, isoladamente consideradas, causas das mazelas ou vantagens por parte dos consumidores brasileiros ou das instituições financeiras, mas conseqüência da política monetária aplicada pelo Governo Federal para administrar o desenvolvimento do país e a estabilidade econômica. Os instrumentos utilizados para tanto e as normas que regulam essa situação é que devem estar conformes com o sistema adotado e a principiologia inseridos na Carta Constitucional, o que será objeto de nosso estudo, sendo possível através daqueles encontrar o ponto de equilíbrio econômico que concilie estabilidade de preços com desenvolvimento do país.

Aliás, no que concerne à administração da política monetária pela variável dos juros e sua repercussão econômica é muito esclarecedor o artigo de Kanitz[22] quanto a este tema ao asseverar que:

> Infelizmente, ação e reação instantâneas só acontecem na física. Na psicologia, nas finanças e na economia sempre existe um intervalo demorado entre ação e reação.
>
> Essas duas políticas econômicas, "mais da mesma coisa" e "guinada de 180 graus", resumem praticamente 95% das políticas econômicas implan-

---

[22] KANITZ, Stephen. *Ação e Reação. VEJA*, São Paulo, p. 20, 14 de fevereiro, 2001.

tadas neste país nos últimos 35 anos. Esse vai-e-vem até já foi batizado de política do *stop and go*. A mesma sensação que se tem ao sair com o carro na segunda marcha.

Agora imaginem, em vez de lidar com uma única variável e seu intervalo de reação, ter de lidar com cinco ou mais variáveis ao mesmo tempo. Quem já tomou banho de chuveiro em casa antiga sabe como é difícil ajustar a temperatura quando é grande o intervalo entre abrir a torneira de água quente e ter o fluxo na temperatura desejada. Requer paciência num vai-e-vem sutil, requer disciplina. Imaginem agora acertar a temperatura com cinco torneiras e cinco intervalos de reação diferentes e desconhecidos. Tarefa simplesmente impossível.

Alan Greespan, do banco central americano e, Armínio Fraga, do BC brasileiro, têm usado uma visão considerada "neoliberal", segundo a qual o sucesso da intervenção governamental depende do uso do menor número de variáveis possível, nesse caso a taxa de juros.

Se você almeja uma vida tranqüila, aprenda a avaliar corretamente o intervalo de reação de sua esposa, filhos, chefes e subordinados para não cometer os mesmos erros dos economistas: erros na dose da medida, erro na avaliação do intervalo de reação, erros na falta de paciência. Isso é bem mais difícil do que se pensa, porque, enquanto Greespan e Fraga precisam controlar uma única variável, nós no dia-a-dia precisamos lidar com dezenas de variáveis ao mesmo tempo.

Esta breve exposição quanto ao Sistema Financeiro Nacional no que concerne à formação da taxa de juros dá uma singela idéia de sua complexidade e sofisticação, o que torna imperiosa a tomada de decisões rápidas e técnicas, a fim de evitar o ganho desmedido por parte de especuladores. Essa constatação leva à necessária reflexão no que diz respeito à intervenção da União na política monetária, bem como que as normas que regulam essa matéria estarem adstritas à seara do direito econômico público, de sorte que mister se faz a existência de dispositivos infraconstitucionais que realizem os preceitos constitucionais e garantam a estabilidade do modelo econômico adotado. Portanto, fórmulas mágicas e sofismas elegantes em nada contribuem para a solução das questões tratadas neste capítulo, cujos parâmetros a serem adotados são abordados nos pontos a seguir expostos.

2. Os princípios jurídicos e a sua aplicação no sistema financeiro quanto aos juros bancários

2.1. A questão dos juros bancários através do prisma da principiologia constitucional

Preambularmente, é preciso que se tenha presente que os princípios jurídico-constitucionais estabelecem o *topos* a ser seguido na interpretação das disposições normativas e das questões de fato que são submetidas à apreciação judicial, decorrendo daí a importância de examinar os juros bancários através do prisma da filosofia hermenêutica e a sua conseqüente repercussão na ordem constitucional para esse tipo de relação comercial.

Assim, constituem os princípios verdadeiras idéias-matrizes que devem ser seguidas na elaboração de qualquer axioma-dedutivo na ordem jurídica. Aliás, a respeito dos princípios constitucionais vale aqui trazer à baila a lição de Geraldo Ataliba[23] ao afirmar que:

(...) princípios são linhas mestras, os grandes nortes, as diretrizes magnas do sistema jurídico. Apontam os rumos a serem seguidos por toda a sociedade e obrigatoriamente perseguidos pelos órgãos do governo (poderes constituídos). Eles expressam a substância última do querer popular, seus objetivos e desígnios, as linhas mestras da legislação, da

---

[23] CARRAZZA, Roque Antonio. *Curso de Direito Constitucional Tributário*. 13ª ed. rev. e atual. de acordo com a emenda nº 21/99. São Paulo: Malheiros, 1999, p. 37.

administração e da jurisdição. Por estas não podem ser contrariados; têm que ser prestigiados até as últimas conseqüências.

Dessa forma, os princípios constitucionais são as diretrizes do sistema jurídico, servindo como parâmetros para interpretação e integração dos regramentos existentes, a fim de darem coerência ao ordenamento jurídico, além de lhe conferirem estrutura e coesão.

Outro ponto que deve ser levado em conta é quanto à prevalência dos preceitos estabelecidos na Constituição, pois, mesmo que não haja de forma expressa a inserção do princípio da supremacia constitucional em nossa Lei Maior, à semelhança da americana em seu artigo 6º, esta é admitida implicitamente ao tratar do controle da constitucionalidade das normas, consoante preleciona Célio Borja.[24] Aliás, esse entendimento decorre do silogismo de que só é possível nulificar ou revogar uma norma da ordem jurídica por inconformidade com a Carta Magna se esta é superior àquela.

É oportuno trazer à baila referência à denominada pirâmide da hierarquia das leis ensinada por Kelsen, o qual preconizava que as normas infraconstitucionais tinham uma relação de fundamentação e derivação da constituição, ou seja, a lei só seria válida se estivesse fundamentada no preceito constitucional, bem como só poderia ser aplicada se decorresse, lógica e formalmente, daquele.

Igualmente, é de se trazer a lume os ensinamentos de Canotilho[25] no sentido de que os atos normativos só estarão conformes com a Constituição quando não violarem o sistema formal, constitucionalmente estabelecido, da produção desses atos, e quando não contrariarem, positiva ou negativamente, os parâmetros materiais plasmados nas regras e nos princípios constitucionais.

Diz mais aquele jurista português, a Constituição como norma primária da produção jurídica traz a idéia

---

[24] BORJA, Célio. *O Controle Jurisdicional de Constitucionalidade. A Nova Ordem Constitucional – Aspectos Polêmicos.* Rio de Janeiro: Forense, 1990, p. 181.
[25] CANOTILHO, José Joaquim Gomes. *Direito Constitucional e Teoria da Constituição.* 3ª ed. Coimbra – Portugal: Almedina, 1998, p. 826-841.

de superlegalidade formal, justificando a tendência de rigidez das leis fundamentais, traduzidas nas exigências agravadas ou reforçadas para sua revisão. Por outro lado, todos os atos do Estados devem estar conformes à parametricidade material das normas constitucionais, hierarquicamente superiores, cujo corolário é o da superlegalidade material.

Portanto, feitas tais considerações quanto aos princípios constitucionais e a idéia que emana destes, no sentido de se tratarem de conceitos abstratos aos quais se subsume o ordenamento infraconstitucional, passo ao exame de determinadas questões da filosofia hermenêutica que interessam ao objeto do presente estudo, bem como a repercussão desses questionamentos no ordenamento constitucional, a fim de perscrutar os juros bancários à luz dos princípios insculpidos na Constituição Federal e no sistema jurídico pátrio, os quais têm incidência sobre esta matéria.

O ponto de partida da presente análise quanto ao estudo do garantismo constitucional parte do prisma da filosofia hermenêutica, isto é, o raciocínio utilizado aqui é o dialético, o que leva a admitir a existência de *topoi* jurídicos que permitem, a partir de determinados problemas, construir, por meio da *praxis*, a unidade de pensamento sistemático, o que seria inadmissível para Viehweg pelo simples emprego da lógica-dedutiva, pois o pensamento sistemático do Direito é contraposto ao pensamento do problema a ser resolvido.

Assim, sob a ótica da escola hermenêutico-crítica, em especial da linha de pensamento defendida por Dworkin, o sistema é composto não só por normas, mas também por valores e princípios jurídicos, formando um conjunto aberto e dinâmico, idéia que prevalece nessa corrente jusfilosófica, em contraposição à concepção fechada do direito positivo da qual derivam as codificações.

Portanto, a lógica utilizada aqui é a do razoável, isto é, partindo da verossimilhança de pontos de vista possível, aceitos como tais por todos ou pela maioria das pessoas, chega-se a uma solução para determinado problema decorrente de um conflito interpessoal. Dessa forma, com base nas conclusões que exsurgem de problemas resolvidos, empiricamente, tendo em mente o senso comum, extraem-se definições gerais e universais que podem ser aplicadas a outros casos semelhantes.

A tópica é uma técnica de pensar por problemas, desenvolvida pela retórica, diferentemente do estudo da ciência jurídica pelo sistema dedutivo. Segundo Viehweg, o objetivo da tópica é transformar a jurisprudência em ciência do Direito pela sistematização demonstrativa, passando esta a ser um procedimento de discussão daqueles.[26]

A inovação aqui é a de que, para essa técnica de raciocínio, são utilizados conceitos ou proposições previamente definidos (*topoi*) dentro de um conteúdo maior, o que leva à sistematização necessária ao estudo da ciência do Direito, de sorte que a tópica é um procedimento de busca de premissas, isto é, uma lógica demonstrativa ou de julgar, como definiu Cícero, daí o porquê de essa corrente ser denominada de hermenêutica.

Note-se que, segundo tal concepção, o Direito passa a ser um sistema aberto, no qual as proposições e os conceitos são relativizados no tempo e no espaço para a análise de determinado problema, embora a mesma se destine a obter e manter um arcabouço fixo de condutas. Por conseguinte, as premissas são procuradas de forma inventiva com apoio em pontos de vista provados, pois o que se quer é a solução de problemas certos, evitando com isto excessivas positivações, o que faz com que seja mantida certa flexibilidade e, com isso, a interpretação adequada aos novos fatos sociais.

A partir dessa forma de pensar, é que Hart estabelece os pilares da teoria hermenêutica, na qual passa a

---

[26] VIEHWEG, Theodoro. *Topica y Jurisprudencia*. Madrid – Espanha: Taurus: 1986, p. 32/57.

ser fonte do Direito não apenas a norma, mas também o precedente jurisprudencial, de sorte que a validade jurídica tem origem não mais em uma norma fundamental, como preconizava Kelsen, mas nasce de uma conjugação das regras primárias, destinadas a fixarem qual conduta deve ser adotada por determinado agrupamento social, e das secundárias, também chamadas de reconhecimento, ou seja, aquelas que pertencem ao sistema e identificam a autoridade que pode interpretar determinada lei e aplicá-la validamente para resolução de conflito certo.

A conseqüência lógica que se extrai desse posicionamento é o de que a eficácia é corolário da própria validade do comando emanado da autoridade judiciária, ou seja, é decorrência da incidência das regras secundárias, que legitimam o procedimento adotado para solução de determinado conflito, ao contrário da etérea dicotomia de Kelsen que situava a discussão da mesma no campo do *ser*.

Dessa forma, Hart preconiza que o Direito funciona na vida das pessoas como padrão jurídico de comportamento aceito, que sob esse enfoque é um parâmetro público comum da decisão judicial correta, e não algo a que cada juiz meramente obedece apenas por sua conta. Seja qual for o processo escolhido (precedente ou legislação) para a comunicação de padrões de comportamento, estes revelar-se-ão indeterminados, o que se chamou de textura aberta (incerteza), visto que não há como prever todos os casos possíveis.

A textura aberta preconizada por Hart traz ínsita a idéia de que as regras secundárias são meramente formais, tendo como função legitimar a pressão social para o cumprimento de determinada conduta pelas pessoas que integram certo agrupamento humano. Assim, o caráter estatutário da *common law* faz com que "o Direito seja aquilo que o Juiz diz que é", pois não haveria um espírito da lei a ser perscrutado, mas sim uma adequação da regra ao fato existente a ser apreciado pelo Juiz,

---

ENTRE O PÚBLICO E O PRIVADO
A regulação dos juros bancários e a sua aplicação

de sorte que "a resolução judicial sobre se uma norma concorda com outra superior é constitutiva e não declarativa da situação preexistente".[27]

A diferença fundamental entre Hart e Dworkin reside, primordialmente, na assertiva precitada de que: para o primeiro, o Juiz decide com discricionariedade, ao passo que esse último assevera que a resolução de determinado problema é feita com elementos do próprio sistema jurídico, ou seja, por princípios que o integram este.[28] Retomando Dworkin, o pensamento de Viehweg no sentido da existência de um catálogo de *topoi* estabelecidos pelo próprio sistema, limitando-se o aplicador da lei a dar a melhor resposta a determinado problema com base nestas proposições.

A posição doutrinária de Dworkin leva em conta dois fatores importantes: o primeiro deles, a garantia dos direitos individuais, no sentido de que devem ser preservados do arbítrio do Juiz, assim como os direitos institucionais, mais voltados à política, os quais devem assegurar que o Direito cumpra sua finalidade social; o outro ponto a ser examinado é o de que o precedente se justifica, na medida em que representa a aplicação do princípio da eqüidade, visto que os casos semelhantes serão tratados de forma igualitária por um imperativo de Justiça.

Isso explica os precedentes, pois dentro da doutrina da responsabilidade, um argumento de princípio pode proporcionar justificação para uma decisão particular quando demonstrar a coerência do preceito utilizado com as decisões anteriores, das quais não houve retratação, e com aquelas que o Juiz está disposto a tomar em outras circunstâncias futuras.

Ressalte-se que o Tribunal, para essa corrente de pensamento, atua no sentido de obter um equilíbrio

---

[27] FALCÓN Y TELLA, Maria José. *Conceito e Fundamento da Validade do Direito.* Torres-RS: Triângulo, 1998, p.229.
[28] DWORKIN, Ronald. *Casos Difíciles.* México: Instituto de Investigaciones Filosóficas, Universidad Nacional Autónoma de México, 1981, p. 10.

razoável entre as pretensões sociais, sendo que a técnica utilitarista foi usada no Direito anglo-americano no famoso exemplo do padrão de diligência devida, em casos de culpa, no sentido de averiguar qual a conduta que traria menos custo e maior benefício para o autor de determinado ato que causa dano a terceiro.

A textura aberta do Direito inglês, de acordo com Hart, significa que há, na verdade, áreas de conduta nas quais muitas coisas devem ser deixadas para serem desenvolvidas pelos Tribunais ou pelos funcionários, os quais determinam o equilíbrio, à luz das circunstâncias, entre interesses conflitantes que variam de caso a caso. Seja como for, o Direito traduz-se em larga medida na orientação, quer das autoridades quer dos indivíduos, não se exigindo deles uma apreciação nova de caso para caso.

Portanto, na franja das regras e no campo deixado em aberto pela teoria dos precedentes, os tribunais preenchem uma função criadora de regras que os organismos administrativos executam de forma centralizada na elaboração de padrões variáveis.

O resultado disso é a substituição do rigor lógico pela probabilidade dos fatos, sistema no qual se dá mais valia à prática do que à dedução axiomática. Aliás, essa nova concepção do Direito leva à resistência, em especial dos franceses, na elaboração de novos Códigos – expressão do racionalismo no Direito – em face da descentralização do ordenamento civil em um conjunto de microssistemas, com predominância da razão prática e social, daí por que se justifica a inserção dos juros em um sistema próprio, como a lei da reforma bancária, e não na regra geral codificada no ordenamento civil.

Em função de tal exigência na sociedade moderna, houve um deslocamento das garantias individuais civis – centradas no Código Civil, com predomínio político do Legislativo sobre o Judiciário, e do pensamento liberal diante do poder estatal[29] – para a órbita do

---

[29] AMARAL NETO, Francisco dos Santos. Racionalidade e Sistema no Direito Civil Brasileiro. *Revista de Direito Civil*, nº 63, São Paulo: Revista dos Tribunais, 1993, p. 45/56.

Direito Público, com a constitucionalização dos princípios fundamentais do Direito Privado, situação que transforma a Constituição no vértice da pirâmide jurídica, sendo a mesma o novo epicentro do sistema jurídico e social,[30] no qual o diploma civil tem competência reguladora apenas residual.

A decorrência natural dessa nova perspectiva jurídica foi a personalização do direito civil, com maior valorização do ser humano, o que faz surgir microssistemas jurídicos, com ramos e princípios próprios, relativizando o poder do Estado, no qual a segurança jurídica dá lugar à prevalência do valor fundamental do Direito que é a Justiça, ou seja, do conteúdo sobre a forma.[31]

Assim, o novo enfoque dado à ciência jurídica é que permitiu o surgimento do ramo do Direito denominado de econômico, tendo em vista que este tem por base o valor ético atribuído a determinado conjunto de fatores econômicos, cuja repercussão jurídica decorre da conformidade com o comportamento social aceito como justo pela sociedade, no qual está inserida a questão dos juros bancários. Com isso é possível uma maior especialização e aprofundamento quanto à influência da economia naquele campo do conhecimento, mediante o estudo nesse microssistema de questões como os princípios que o norteiam como os da economicidade, flexibilidade e subsidiariedade.[32]

Note-se que os princípios precitados são juízos de valor específicos, definidos pela ideologia política adotada constitucionalmente, que ao serem enumerados no sistema jurídico em exame importam na fixação de um catálogo de tópicos, que determinam movimentos e mudanças, segundo a ética aristotélica, e servem à resolução de problemas nesta seara do conhecimento, tendo em mente por este viés que o valor maior a ser

---

[30] AMARAL NETO, Francisco dos Santos. *Descodificação do Direito Civil*. In: *Anais da XVI Conferência Nacional da OAB*. Fortaleza: Conselho Federal da OAB, 1996, p. 505/521.
[31] AMARAL NETO, Francisco dos Santos. Op. cit. nota 29, p. 45/56.
[32] SOUZA, Washington Peluso Albino de. Op. cit., p. 127.

preservado não é pura e simplesmente a adequação de regras econômicas ao campo do Direito.

Ao contrário, o principal interesse a ser garantido está consubstanciado no tratamento equânime do cidadão perante, por exemplo, os conglomerados financeiros, pois o valor utilitário de fazer o que é certo e, talvez, mais eficiente, não pode suplantar a valoração do que é justo, cuja importância desta proposição suplanta em muito aquela primeira.

Portanto, a concepção hermenêutica de Hart tem aplicação imediata na esfera do direito econômico, pois é preciso que os Tribunais busquem o "equilíbrio razoável" entre o custo individual e o benefício social que determinadas medidas econômicas têm no campo jurídico, a fim de harmonizar as normas existentes com a realidade social na qual serão interpretadas e aplicadas.

Partindo dessa corrente de pensamento jurídico-filosófico é que se chega à inafastável conclusão de que as questões de ordem econômica não podem ser analisadas pelo viés exclusivamente mercantilista, mas ao contrário todas as suas definições e signos devem ser temperadas pelos princípios imanentes ao próprio texto constitucional, cujo destaque maior deve ser dado ao da economicidade, da proporcionalidade e da eqüidade.

Nesse sentido é oportuno trazer aqui a lição de Habermas[33] quanto à distinção entre princípios e regras ao aduzir que:

Regras e princípios também servem como argumentos na fundamentação de decisões, porém o seu valor posiciona na lógica da argumentação é diferente. Pois regras contêm sempre um componente "se", que especifica condições de aplicação típicas da situação, ao passo que princípios, ou surgem com uma pretensão de validade não-específica, ou são limitados em sua esfera de aplicação através de condições muito gerais, em todo o caso carentes de uma interpretação. Pode-se explicar a partir daí a diferença característica entre as regras e princípios no que tange à atitude de colisão, que Dworkin coloca em relevo. É certo que um determinado prin-

---

[33] HABERMAS, Jürgen. *Direito e Democracia: entre facticidade e validade*. Rio de Janeiro: Tempo Brasileiro, 1997. Volume I, p. 258.

cípio goza de primazia, porém não a ponto de anular a validade dos princípios que cedem lugar. Um princípio passa à frente do outro conforme o caso a ser decidido. No desenrolar dos casos, estabelece-se uma ordem transitiva, sem que isso arranhe sua validade.

Contudo, é preciso que se examine mais a corrente de pensamento hermenêutico, em especial, quanto a sua visão de mundo, pois para esta a realidade é descrita pela linguagem, que estabelece os signos e seus significados, de sorte que, na visão de Habermas, dessa relação entre o conhecimento histórico do contexto a ser analisado e da práxis intersubjetiva é que exsurge aquela, portanto, cabe ao intérprete fazer a adequação das regras conhecidas ao tempo e modo vigente, a fim de lhe dar o significado e o sentido social, com mais razão, quando se tratar do enfoque econômico, cujas decisões são sentidas diuturnamente pelos cidadãos.

Aliás, como bem salienta Streck, *a linguagem não é simplesmente objeto e sim, horizonte aberto e estruturado,*[34] o que permite ao julgador avançar em questões intricadas como as atinentes aos juros bancários no direito econômico, devendo a interpretação desse ramo jurídico atender aos anseios e realidade social existente, e não a uma concepção fechada e puramente mercantilista da sociedade. Daí resulta a importância de perceber e refletir quanto a essa situação, tendo em mente determinado *topoi* jurídico que leve em conta o bem público e a justiça social em detrimento do puro e simples interesse econômico.

Há que se ressaltar, segundo Gadamer,[35] que a compreensão é sempre uma dimensão lingüística, o que vem ao encontro do que preconiza Heidegger de que aquela é uma estrutura antecipadora, isto partindo da premissa de que é a linguagem que nos revela o mundo

---

[34] STRECK, Lenio Luiz. *Hermenêutica Jurídica e(m) Crise: Uma exploração hermenêutica da construção do Direito.* Porto Alegre: Livraria do Advogado, 1999, p. 158.
[35] GADAMER, Hans-Georg. *Verdad y Método II.* Segunda edición. Salamanca – Espanha: Sígueme, 1994, p. 111/118.

e nos faz estar nele, daí assume especial relevo tanto o discurso do legislador, o qual retrata o poder dominante em determinado tempo e sociedade, quanto o do intérprete, que revela isto e dá a condição de possibilidade ao fato concreto no contexto social, ou por outra, é a palavra que retrata e dá existência à coisa, o que, segundo essa concepção, facilita uma abordagem garantidora dos interesses sociais (coletivos e difusos) em detrimento dos puramente corporativos.

Diante disso, é preciso que se estabeleçam conceitos prévios sobre o estudo da ordem econômica e sua interação com o campo jurídico, de sorte que se possa ir adequando os mesmos a nossa realidade atual, à medida que, partindo da (pré)compreensão do objeto a ser questionado chega-se a uma de suas dimensões de seu significado histórico, sendo que nos interessa abordar aqui aquela que diz respeito à utilização de um *topos* jurídico que garanta não só o cidadão perante determinado interesse econômico, mas mantenha este subsumido ao texto e discurso constitucional como forma de manutenção de sua validade e eficácia diante do Estado Democrático de Direito.

Diga-se de passagem que a compreensão dos campos do conhecimento antes mencionados leva necessariamente a uma fusão de horizontes gadameriana de sentidos e significados, fazendo com que o intérprete estabeleça o valor maior a ser defendido e a prevalência deste por meio da linguagem empregada sobre as demais formas de entendimento, correção de percurso, a qual se torna possível, segundo Hart, se há a utilização de determinados princípios de Direito. No caso em tela, interessa examinar, mais detidamente, quatro deles, a saber: o da economicidade, da proporcionalidade ou da razoabilidade, da eqüidade e do não-retrocesso social, sendo que este último devido a sua importância será examinado no tópico atinente ao garantismo dos preceitos constitucionais e dos direitos difusos.

Assim, a interpretação da lei é uma tarefa criativa, segundo Gadamer,[36] de sorte que há de se entender, em primeiro lugar, a prevalência dos princípios inseridos na Carta constitucional sobre as demais regras de conduta em um Estado Democrático de Direito, na condição de formadores e conformadores da realidade social no campo jurídico. O segundo ponto a ser levado em conta é o de que, necessariamente, passa pela compreensão lingüística e social desse contexto a atuação do intérprete, de forma que este não reproduz simplesmente os textos existentes, mas produz uma (re)leitura reflexiva sobre os mesmos e sua adequação ao interesse publicista vigente a qual terá uma nova aplicação a cada caso examinado.

É oportuno relembrar, no dizer de Streck, que *somente compreendendo é que pode interpretar*,[37] ou seja, só é possível um sentido comum teórico, nominado assim por Warat, para quem apreende e desvela a nomenclatura dada a um determinado fato da vida o qual passa a ser efetivado pelo intérprete em um dado momento, resultando numa compreensão prévia da função social do Direito e do Estado. Daí a importância de tornar claros determinados conceitos da ordem econômica quanto aos juros bancários e subsumi-los a determinados princípios jurídicos que garantam a harmonia social.

Dessa forma, a Constituição serve para garantir que as relações sociais se dêem de forma democrática, estabelecendo para tanto determinados princípios, que são valores fundamentais e servem de paradigmas para a hermenêutica a ser adotada, os quais subsumem o regime e a ordem jurídica vigente, de sorte que os textos normativos devem ser interpretados de acordo com ela. Portanto, por esse viés, o *topos* maior é o de que, *não há interpretação jurídica sem relação social*[38] ou aquela inde-

---

[36] STRECK, Lenio Luiz. *Hermenêutica Jurídica e(m) Crise*. Op. cit., p. 186.
[37] Idem, p. 199.
[38] Idem, p. 249.

78   *JORGE LUIZ LOPES DO CANTO*

pendente do *contexto histórico-efetual*,[39] na medida em que a Constituição estabelece um dever ser, tendo o princípio como condição de possibilidade dos demais textos, pois aquele vale enquanto a norma vige.

Assim, há que se retomarem aqui as definições atinentes aos juros bancários e à normatização destes sob a égide da parametricidade constitucional e da principiologia, a fim de que a interpretação daqueles seja feita à luz destes e que os direitos dos cidadãos estejam garantidos pela ordem pública quanto a sua aplicação e interpretação, sem que com isso sejam desprezados os aspectos econômicos no que diz respeito aos juros, mas que estes tenham uma conformação e adequação com o texto da Constituição, tanto no que tange à competência para intervir no mercado financeiro e editar as normas referentes aos juros, como no que diz respeito a sua regulação, e, em especial, quanto ao que concerne à fixação destes de forma proporcional às relações comerciais mantidas entre as instituições financeiras e seus clientes, o que não tem sido observado no trato das questões de consumo.

É insofismável a contribuição hermenêutica às questões de ordem econômico-financeira, pois o ramo jurídico do Direito econômico é de indiscutível abrangência e de constante interação com as demais disciplinas jurídicas e campos do conhecimento, como a economia, portanto necessita para o seu desenvolvimento de um sistema aberto e dinâmico, em especial quanto ao regramento dos juros bancários. Diante disto é possível percorrer a filosofia hermenêutica desde a corrente crítica até a concretizadora, a fim de perscrutar as nuances relativas ao pensar e interpretar os juros bancários à luz daquele paradigma jusfilosófico.

Portanto, os princípios da economicidade, da proporcionalidade e da eqüidade são juízos específicos, que, ao serem enumerados, constituem um catálogo de preceitos para resolução de problemas, os quais servem

---

[39] Idem, p. 251.

para garantir ao cidadão tratamento que importe em razoável equilíbrio entre o custo individual e o benefício social, resultando este da exigência de que cada pessoa atue em consonância com o comportamento aceito pela comunidade, o qual é indicado para cada situação da vida, em tempo e espaço delimitados.

Assim, feita a presente exposição quanto às várias correntes da filosofia hermenêutica, a integração dessas no exame da principiologia a ser adotada quanto aos juros bancários e à repercussão daqueles parâmetros na ordem constitucional, é importante aqui passar a abordagem dos princípios específicos com os quais se pretende trabalhar nas questões atinentes à ordem econômica e à interpretação a ser dada à luz dos referidos paradigmas.

2.2. Princípios jurídicos: economicidade, razoabilidade ou proporcionalidade e eqüidade

O primeiro princípio do catálogo de *topos* que se pretende abordar é o da economicidade que, no dizer de Souza, trata da medida do econômico, ou seja, é a expressão de equilíbrio na relação custo-benefício[40] por meio da qual são valorados os fundamentos de validade de determinado ordenamento jurídico.

Assim, pelo princípio antes invocado, objetiva-se definir qual o tipo de lucro que se pretende, ou seja, se o individual ou o social, de sorte que, se a opção for por este último, a aplicação hermenêutica terá em mente as circunstâncias e peculiaridades de cada fato econômico-jurídico a ser analisado, a fim de levar em conta na decisão a ser tomada qual aspecto se apresenta mais vantajoso sob o ponto de vista da justiça social, ou por outra, que tipo de valoração jurídica é mais adequada e traz maior benefício ao agregado coletivo e ao interesse social.

---

[40] SOUZA, Washington Peluso Albino de. Op. cit., p. 33.

A aplicação desse princípio serve para limitar o arbítrio e controlar o abuso do poder econômico, na medida em que as situações são valoradas sob o ponto de vista jurídico no que diz respeito ao que for lícito e socialmente justo, o que necessariamente leva à intervenção estatal no sentido de regular a atividade econômica, mesmo porque questões como a formação de cartéis e *dumping* sabidamente não se resolvem exclusivamente pela "vontade do mercado" ou pela livre concorrência pura.

Dessa forma, mister se faz a adoção de uma política econômica, o que leva necessariamente à intervenção estatal para regular tanto questões do mercado como aquelas que envolvam a garantia de emprego, assim como, as demandas atinentes à garantia dos direitos sociais, visto que a concorrência não é um valor em si, ao contrário, levado ao extremo acarreta em prejuízo ao consumidor, pois pode resultar no impedimento da chamada economia de escala, na qual o preço é assegurado pela existência de pluralidade de fornecedores.

Ainda, sob o ponto de vista financeiro, ou seja, no que tange ao financiamento público e privado da sociedade, há que se ter especial atenção à chamada política de juros, porque essa não pode ficar ao alvedrio exclusivo das instituições financeiras para fixação de taxas ditas de mercado, devendo também tais questões ser submetidas ao crivo do princípio da economicidade no sentido de que o custo do dinheiro reverta em exclusivo benefício privado, sem levar em conta o pesado ônus social dessa opção, sendo que nessa hipótese deve ocorrer a intervenção do Estado de forma pontual, como analisado no item 1.2, em que o Banco Central tem tarefa decisiva na fixação do preço da moeda, consubstanciado nos juros.

Por outro lado, a teoria marginalista da escola de Chicago, cujo parâmetro é o da eficiência na formação dos custos de produção, isto é, estes devem ser cada vez mais reduzidos, a fim de que o produto chegue ao mercado a preço menor, aumentando com isso o faturamento e, por via de conseqüência o lucro, o que leva ao emprego de maior tecnologia, cuja inferência mediata é o aumento do desemprego, aqui também o princípio da economicidade, se aplicado pelo intérprete da lei, serviria para enfrentar essa realidade social e dar uma solução justa a essa problemática, a qual poderia ser solvida nos acordos coletivos pela limitação do uso de determinada tecnologia se isto fosse viável, ou ao menos que houvesse o treinamento do operariado na nova técnica, a fim de que o posto de trabalho não fosse simplesmente suprimido, mas qualificado.

Aliás, Souza traz à baila em sua obra a importância da função do princípio da economicidade como "instrumento de interpretação para harmonizar dispositivos ideológicos originariamente passíveis de contradição, mas que, adotados e admitidos pelo legislador constituinte, passam a ter convivência indiscutível".[41] A referência que se faz aqui é ao *caput* do artigo 170 da Constituição Federal no qual a justiça social é o parâmetro para concretização do Direito, assim como a valorização do trabalho é um fim a ser atingido, o que vem a mitigar a incidência do modelo econômico capitalista adotado em nossa Carta Constitucional, a fim de que sejam levadas em conta as necessidades sociais.

Assim, o princípio da economicidade traça a relação entre custos e benefícios tão díspares como o individual e o social, a fim de harmonizá-los e fazer com que prevaleça o interesse socialmente relevante e economicamente justo à coletividade, na medida em que o valor maior constitucional a ser preservado é inexoravelmente o da justiça social, tendo em vista que a implementação desta traz como corolário a promoção do bem-estar da sociedade, fim último do Estado de Direito Democrático, o que, em termos de política de juros bancários, significa manter a estabilidade no valor da moeda e no

---

[41] SOUZA, Washington Peluso Albino de. Op. cit., p. 36.

preço dos produtos, permitindo com isso o acesso da população menos favorecida aos bens econômicos.

Dessa forma, a aplicação do princípio da economicidade no campo dos juros bancários importa na resolução da equação custo individual para um maior benefício social, de sorte que o ônus de uma taxa de juros mais elevada ao ser suportado isoladamente tem como contraponto o maior benefício social advindo da estabilização econômica, a qual é alcançada, quando é atingido o ponto de equilíbrio entre a oferta e a demanda de moeda, o que, por sua vez, também serve para manter estável o preço dos produtos, permitindo com isso que um número maior de brasileiros saiam da faixa de pobreza absoluta. Aqui, sempre é bom se ter em mente que o acesso ao crédito bancário no agregado social brasileiro não é facilitado indistintamente para toda a população, mas sim para as classes sociais com maior poder aquisitivo (leia-se classe média e alta), bem como para empresas de médio e grande porte, cujo conhecimento no que diz respeito ao funcionamento do sistema financeiro retira desta camada social a possibilidade de alegar a ignorância quanto às implicações financeiras do encargo que assumiram, o que afasta a incidência de plano do princípio da boa-fé objetiva.

Entretanto, aqueles consumidores mais bem aquinhoados, ainda assim não ficam ao desamparo das regras atinentes ao Código do Consumidor, consoante será analisado detalhadamente no item 3.3, pois no trato da relação de consumo referente aos juros bancários, há que se ter presente que o princípio da boa-fé tem por corolário o da transparência na relação comercial pactuada, o que torna obrigatório que os bancos informem adequadamente não só as taxas de juros que serão exigidas, mas também os direitos que decorrem da manutenção de outras relações comerciais com determinada instituição financeira, dentre os quais, a taxa de reciprocidade, ou seja, caso haja depósitos e aplicações financeiras naquele banco comercial, o quanto será deduzido dos juros médios exigidos para composição de uma taxa específica de juros bancários para aquele cliente determinado.

Sob pena de essa omissão gerar um custo adicional à instituição através da discussão judicial quanto à eventual redução das taxas de juros aplicadas em seu contrato, com evidente benefício em favor do cliente do banco, incide, dessa forma, o princípio da economicidade para o restabelecimento do equilíbrio financeiro inicialmente proposto.

É evidente que o princípio da economicidade está inserido no contexto utilitarista do Direito anglo-saxão, o qual é a base da corrente jusfilosófica hermenêutica, sendo que o mesmo também está inserido no microssistema atinente ao Direito econômico no que diz respeito às demandas relativas aos juros bancários, o que permite por via de conseqüência soluções alternativas ao próprio uso da justiça comum como, por exemplo, a arbitragem para solver estes litígios contratuais atinentes aos juros bancários, o que ainda não é empregado em nosso país, embora seja perfeitamente possível pela atuação conjunta de advogados e contadores ou mesmo economistas no exame da questão referente à cláusula de reciprocidade, a fim de encontrar o ponto de equilíbrio da relação, que abrange tanto a macroeconomia (política monetária de juros – ordem pública), como também a microeconomia (direitos difusos do consumidor e comercial bancário).

Assim, o princípio da economicidade tem como função servir como um parâmetro hermenêutico para harmonizar circunstâncias e fatos jurídicos aparentemente contraditórios, a fim de que estes sejam valorados de forma a permitir que o impacto econômico deles resultantes tenha uma repercussão no campo do Direito que venha ao encontro da justiça social, entretanto, a melhor definição a esse respeito e quanto a sua função é de Souza[42] ao afirmar que:

---

[42] SOUZA, Washington Peluso Albino de. Op. cit., p. 34 e 36.

O termo "economicidade", portanto, quanto ao seu entendimento pelo conceito que adotamos, significa a medida do "econômico" segundo a "linha de maior vantagem na busca da justiça". Essa medida é determinada pela "valoração" jurídica atribuída, pela Constituição, ao "fato" de política econômica, objeto do Direito Econômico.

A "economicidade", no sentido funcional, é tratada, pois, como um instrumento hermenêutico pela qual a flexibilidade, a maleabilidade, a revisibilidade, a mobilidade das opções se impõe ao Direito moderno, de modo geral e, especialmente, nas Constituições correspondentes aos regimes políticos mistos ou plurais.

Por via de conseqüência, o princípio da economicidade serve como regulador entre os parâmetros econômicos e jurídicos existentes na sociedade, a fim de ser atingido o necessário equilíbrio entre os mesmos, sendo que na hipótese dos juros bancários a sua aplicação decorre da conformidade entre a política monetária adotada e a situação do correntista diante da instituição financeira à luz do Código do Consumidor, de sorte que aquele tenha resguardado seus interesses diante desta, tanto pela equação da reciprocidade, ou seja, os ativos depositados e aplicados no banco devem servir como redutores para o cálculo dos juros devidos a este nos contratos avençados entre as partes, como também do necessário princípio da transparência quanto à indicação precisa das taxas e encargos contratuais.

O outro tópico a ser abordado é quanto ao princípio da proporcionalidade ou da razoabilidade, cuja melhor definição quanto ao seu significado é dada por Mendes,[43] como se vê a seguir:

A doutrina constitucional mais moderna enfatiza que, em se tratando de imposição de restrições a determinados direitos, deve-se indagar não apenas sobre a admissibilidade constitucional da restrição eventualmente fixada (reserva legal), mas também sobre a compatibilidade das restrições estabelecidas com o princípio da proporcionalidade. Essa nova orientação, que permitiu converter o princípio da reserva legal (*Gesetzesvorbehalt*) no princípio da reserva legal proporcional (*Vorbehalt des verhälnismässigen*

---

[43] MENDES, Gilmar Ferreira. *Direitos Fundamentais e Controle da Constitucionalidade: Estudos de Direito Constitucional*. São Paulo: Instituto Brasileiro de Direito Constitucional, 1998, p. 39/40.

Gesetzes), pressupõe não só a legitimidade dos meios utilizados e dos fins perseguidos pelo legislador, mas também a adequação desses meios para consecução dos objetivos pretendidos (*Geeignetheit*) e a necessidade de sua utilização (*Notwendigkeit oder Erforderlichkeit*). Um juízo definitivo sobre a proporcionalidade ou razoabilidade da medida há de resultar da rigorosa ponderação entre o significado da intervenção para o atingido e os objetivos perseguidos pelo legislador (proporcionalidade ou razoabilidade em sentido estrito). O pressuposto da adequação (*Geeignetheit*) exige que as medidas interventivas adotadas mostrem-se aptas a atingir os objetivos pretendidos. O requisito da necessidade ou da exigibilidade (*Notwwendikeit oder Erforderlichkeit*) significa que nenhum meio menos gravoso para o indivíduo revelar-se-ia igualmente eficaz na consecução dos objetivos pretendidos. Assim, apenas o que é adequado pode ser necessário, mas o que é necessário pode não ser adequado.

Assim, fica claro do acima exposto que toda lei ou ato do administrador público que importe em desproporção entre o objetivo perseguido e o ônus imposto ao atingido é inexigível, diante da falta de utilidade daquele fim. Note-se que esse princípio transposto para seara do Direito econômico importa em reconhecer que: não é exigível do contribuinte ou da própria coletividade que arque com pesadas taxas ou contribuições, quando a iniciativa privada age na condição de concessionária do poder público, por exemplo. Isto deve-se ao fato de que não é exigível do cidadão prestação desproporcional ao benefício obtido, caso esse tipo de serviço pudesse ser prestado de outra forma em iguais condições de eficiência pelo poder público, o que certamente conduziria esses prestadores de serviço a não vislumbrarem exclusivamente o lucro, mas também o bem-estar social.

Aliás, no que tange à normatividade constitucional, cabe aqui mencionar o ensinamento de Canotilho[44] no que diz respeito à "proibição de excesso em sede de restrição de direitos, noutros termos: é o tratamento desigual adequado e exigível para alcançar determinado fim? Este fim é tão importante que possa justificar uma

---

[44] CANOTILHO, José Joaquim Gomes. *Direito Constitucional e Teoria da Constituição*. 3ª ed. Coimbra: Almedina, 1999, p. 1216/1217.

desigualdade de tratamento em sentido normativo?" Viés hermenêutico este que certamente foi levado em conta pelo STF, na tormentosa questão econômica do aumento da alíquota da contribuição previdenciária dos servidores federais, constatando a desproporção do sacrifício a que estes seriam submetidos com resultado incerto e duvidoso que adviria com esta majoração, reconhecendo aquela Corte que tal procedimento do governo federal importava em verdadeiro confisco, situação inadequada e desarrazoada, em manifesto desacordo com o texto constitucional, que resultou no reconhecimento da inconstitucionalidade de tal medida com base na capacidade contributiva daqueles.

Dessa forma, fica clara a utilidade e aplicação do princípio da proporcionalidade no campo do Direito econômico e financeiro, quanto a este último cabe aqui uma reflexão, tendo em vista que a questão dos juros não tem sido tratada através desse prisma, uma vez que inadmitida a limitação destes, ainda que haja previsão constitucional para tanto, forçoso é concordar que ao menos deverá ser reconhecida a proporcionalidade entre a remuneração pela captação no mercado dos agentes econômicos superavitários e os lucros obtidos com a cobrança de taxas desarrazoadas dos agentes deficitários, porque o *spread* do agente financeiro pela intermediação não pode ser maior do que o do próprio investidor.

O corolário lógico da aplicação de tal princípio é de que as regras econômicas ou financeiras não se justificam ou se fundamentam validamente por si, ao contrário, estão subsumidas ao preceito econômico da justiça social que é o núcleo informador essencial dos direitos e garantias sociais, o que importa afirmar que o parâmetro constitucional de 12% estabelecido para os juros pode ser visto de duas formas: a primeira, como o limite máximo de *spread* bancário a ser exigido de um cliente após a dedução dos custos de captação e tributos; o

ENTRE O PÚBLICO E O PRIVADO
A regulação dos juros bancários e a sua aplicação

segundo, que o excesso ao percentual em tela importaria na possibilidade de uma tributação maior.

Veja-se que, em quaisquer das hipóteses precitadas, não há qualquer prejuízo à política monetária do governo federal, mas a simples exigência de tratamento razoável e proporcional ao consumidor do capital bancário, na primeira hipótese tendo por base o conceito de juro real previsto constitucionalmente; na segunda, com a possibilidade de incidência tributária sobre o excesso ao parâmetro constitucional, o que beneficiaria indiretamente o cliente da instituição financeira, pois o tributo reverte em prol de toda a sociedade, de forma que essa concepção viria ao encontro da realização da justiça social, além de importar, por vias transversas, na redução da taxa de juros, pois é óbvio que o acionista do banco teria todo o interesse em atender a limitação do juro real à taxa de 12%, sob pena de ter reduzido o seu lucro líquido em função da tributação sugerida.

As hipóteses antes mencionadas evidentemente dependem de regulação no contexto atual, embora ambas sejam formas de perscrutar a incidência do princípio da razoabilidade no campo do Direito econômico atinente aos juros bancários.

Entretanto, há como utilizar o princípio da proporcionalidade no que diz respeito aos contratos bancários no que tange às taxas de juros estipuladas nestes, a fim de controlar eventual excesso na relação de consumo, pois, se a finalidade da variação dos juros é para servir como instrumento estabilizador da política monetária, cujo meio utilizado é o aumento da taxa para refrear o consumo e aumentar a poupança, nada mais justo que a adequação daquelas às demais relações comerciais mantidas pelo correntista com o banco.

Estabelece-se, assim, um direito fundamental de defesa ou de resistência em favor do correntista no sentido de que a fixação da taxa não fique ao arbítrio do banco ou ultrapasse a necessidade monetária e econômica em exame, ficando este obrigado a fazer uso do meio adequado e sujeito, também, à interdição de fixar taxas desproporcionais ao mercado e às relações comerciais mantidas com cada cliente.

Note-se que a aplicação do princípio da proporcionalidade independe de explicitação em texto constitucional, pois aquele decorre do Estado de Direito e da necessária isonomia de tratamento, portanto a utilização do mesmo na discussão da relação de consumo atinente aos juros bancários é pacífica, na medida em que, ao se tratar de regramento de ordem pública na questão das taxas de juros, deve o meio mais brando ser estabelecido em favor da parte hipossuficiente nessa relação, tanto monetária como comercial, ou seja, o agente econômico deficitário deve ter preservada a garantia fundamental de não ser onerado excessivamente em função da referida política monetarista, a fim de possibilitar a efetivação da Justiça no caso concreto.

Portanto, o princípio da proporcionalidade é utilizado, também, como limitador da atuação do poder público quanto à edição de medidas restritivas de direito, inclusive na seara do política monetária, de sorte a que estas sejam sopesadas quanto à adequação dos meios empregados para atingir determinado objetivo público e a consecução deste, bem como em relação à necessidade de aquele procedimento ser utilizado em detrimento de outro menos gravoso, individualmente considerado, e igualmente eficaz, além da justa proporção entre o benefício a ser obtido e o sacrifício a ser suportado, pois o excesso não justificaria a adoção daquele meio.

Aliás, no que diz respeito à política monetária adotada no Brasil outra não foi a constatação de Mendes[45] ao afirmar que:

> Dever-se-ia indagar, finalmente, sobre a *razoabilidade* ou a *proporcionalidade* em *sentido estrito* das providências contidas na Lei nº 8.024, de 1990. Esse requisito exige que o indivíduo não seja submetido a sacrifícios superiores aos fins que se almejam com as providências. Imprescindível

---

[45] MENDES, Gilmar Ferreira. Op. cit., p. 198/199.

se faz também adoção de medidas que atenuem o impacto negativo para o cidadão, inclusive através de outorga de compensação financeira, pelos efeitos gravosos suportados.

Ninguém em sã consciência há de infirmar os elevados interesses públicos que nortearam a edição da Medida Provisória nº 168, posteriormente, convertida na Lei nº 8.024, de 1990, editada num momento de absoluta desorganização econômico-financeira. Os elevados índices inflacionários flagelavam os assalariados e estimulavam a especulação financeira, contribuindo para a redução das atividades produtivas. A inércia do Poder Público haveria de levar a um desastre de proporções imprevisíveis, no qual dificilmente restariam incólumes os próprios recursos privados confiados às instituições financeiras.

De outro lado, o princípio da proporcionalidade é extremamente útil à hermenêutica jurídica, pois representa uma diretiva procedimental para aplicação da Justiça ao caso concreto, de sorte que a sua concepção também é de ordem utilitarista e pragmática, evitando com isso colisões entre direitos com plausibilidade de aplicação à situação específica.

Assim, é evidente que existe um limite ao parâmetro do duodécimo constitucional, que, no mínimo, é a média ponderada do custo de captação dos recursos disponibilizados para apropriação, visto não ser exigível que o acionista do banco sofra prejuízo em função de o tomador do dinheiro gozar daquela garantia constitucional, pois aquele também tem por fundamento para o exercício de sua atividade bancária os preceitos econômicos do capitalismo. Essa adequação entre os meios e os fins a serem alcançados é que requer do jurisconsulto habilidade técnica, flexibilidade e ponderação para proceder o controle de eventual excesso, o que não coaduna com preconceitos de cunho não-jurídico utilizados, por vezes, na solução de questões atinentes aos juros.

Por fim, o último princípio a ser analisado neste tópico diz respeito ao da eqüidade, o qual será perscrutado, levando em conta, também, a noção econômica atinente ao ponto de equilíbrio no mercado financeiro, isto é, aquele em que o nível de demanda e o de oferta têm a sua interseção e mantêm um movimento real nesse sentido, a fim de que dessas forças resulte o justo preço do dinheiro, ou por outro viés o juro adequado a cada espécie de contrato bancário avençado.

A concepção de eqüidade remonta à filosofia aristotélica e ao próprio Direito Romano, sendo um princípio de Justiça no qual é dado igual tratamento a situações que são similares, portanto é aplicada ao caso concreto a mesma solução para interesses jurídicos semelhantes, de sorte que sejam levadas a termo as obrigações assumidas de forma voluntária, livre e de boa-fé. A esse respeito é oportuno trazer à baila os ensinamentos de Rawls[46] a seguir transcritos:

Nessa explicação de como o prometer (ou o participar em contrato) é utilizado para iniciar e estabilizar forma de cooperação, segui em grande parte a discussão de Prichard, que contém todos os pontos essenciais. Como ele, também pressupus que cada pessoa sabe, ou pelo menos tem razões para assim acreditar, que o outro tem um senso de justiça e, portanto, um desejo normalmente eficaz de levar a bom termo as suas obrigações *bona fide*. Sem essa confiança mútua, nada se realiza com o simples pronunciamento de palavras. Numa sociedade bem-ordenada, porém, essa prática está presente: quando os seus membros fazem promessas, há um reconhecimento recíproco de sua intenção de se obrigar e uma convicção racional, comum às partes, de que essa obrigação será honrada. Esse conhecimento recíproco e essa convicção permite que uma ordenação aconteça e continue a vigorar. Não há necessidade de maiores comentários sobre a medida em que uma concepção comum da justiça (incluindo os princípios da eqüidade e do dever natural), e a consciência pública de que os seres humanos estão dispostos a agir de acordo com ela, constituem um grande valor coletivo. A existência de uma prática justa do prometer como um sistema de regras públicas constitutivas, e do princípio da eqüidade, são suficientes para uma teoria de obrigações fiduciárias. E nem uma coisa nem outra implica a existência de um real acordo anterior de cumprir acordos. A adoção do princípio da eqüidade é puramente hipotética: precisamos unicamente pressupor que este princípio seria reconhecido. Quanto ao resto, uma vez que presumimos a existência de uma prática justa do prometer, independentemente de como possa ter-se estabelecido, o princípio da eqüida-

---

[46] RAWLS, John. *Uma teoria da Justiça...* Traduzido por Almiro Pisetta e Lenita M. R. Esteves. São Paulo: Martins Fontes, 1997. Tradução de: *A Theory of Justice*, p. 385 e 388.

de é suficiente para vincular aqueles que dela se beneficiam, nas condições apropriadas já descritas. Assim, o que corresponde ao algo, que para Prichard se parecia com um acordo anterior sem o ser, é a prática justa de empenhar a própria palavra com o acordo hipotético em relação ao princípio da eqüidade.

Dessa forma, o princípio da eqüidade é o que diz respeito à razão absoluta, fundada em motivos de ordem social e exigências do bem comum, de ser aplicada a determinado caso uma interpretação mais benigna e justa, de acordo com o tratamento dispensado para situação semelhante, na qual as partes têm a convicção ao se obrigarem que havia uma confiança mútua e racional, de que seria levada a termo a obrigação pactuada.

Portanto, só há que se falar em princípio da eqüidade, quando efetivamente existe a boa-fé subjetiva no sentido de cumprir com o acordado. Nessa hipótese é possível aquilatar o que é justo e razoável para o caso em exame, logo, aquele preceito confere um poder discricionário ao magistrado de apreciar determinada causa segundo a lógica do razoável, devendo ser dada preferência à solução que importe em tratamento isonômico de coisas semelhantes e que melhor atenda a justiça para o caso, desde que haja um prévio consenso entre as partes fundado na fidúcia e no desejo racional de cumprir o acordado.

O princípio supracitado é de fácil valoração e compreensão na questão dos juros bancários, se considerada uma situação concreta, por exemplo, relativa a um determinado empresário, o qual tenha ciência das taxas exigidas no mercado, tanto para aplicações financeiras como para tomar dinheiro emprestado, e, por via de conseqüência, tenha interesse jurídico em cumprir os contratos que firmou com determinado banco. Portanto, é óbvio que, se o mesmo recebe em seus investimentos financeiros (poupança ou fundos de renda fixa) a correção monetária desses valores acrescida de juros capitalizados na forma composta, é justo e eqüitativo que pague os seus empréstimos também com a atualização da moeda mais juros capitalizados de maneira composta, pois na hipótese de pretender revisão contratual diversa dessa lógica, a sua pretensão não tem causa ou interesse jurídico razoável e nem se harmoniza tal situação com o senso comum de Justiça.

Assim, o princípio da eqüidade exerce função de suplementar a lei na hipótese de eventual lacuna desta ou de sua regulamentação, e de integrar a decisão do juiz nas hipóteses em que há uma lacuna voluntária passível de preenchimento ou mesmo em que a excessiva generalidade da norma permita a aplicação desse preceito de Justiça, permitindo que seja dado tratamento isonômico a situações jurídicas semelhantes.

Essa concepção relativa ao princípio da eqüidade retoma a idéia de Rawls, no sentido de que aquele é passível de aplicação na medida em que as partes envolvidas em determinada situação jurídica ajam por consenso e boa-fé, com interesse e disposição de cumprirem determinada obrigação, confiança que decorre de regras predeterminadas e conceitos claros, servindo o art. 5º do LICC como uma válvula de segurança para harmonizar eventual antinomia entre a norma e os fatos a serem regulados pela mesma, regramento de justiça que obrigaria a todo o agregado social. Assim, é passível a aplicação e integração desse princípio ao caso concreto, desde que o aplicador da lei conheça os parâmetros técnicos com os quais está tratando.

Aliás, outra não foi a solução adotada no art. 51, inc. IV, do Código do Consumidor ao erigir o princípio da eqüidade como regulador da relação de consumo, pelo qual é assegurado ao consumidor um parâmetro para a avaliação da existência de eventual abuso de direito em contrato de crédito, sujeito à apreciação, em razão daquele preceito se tratar de fonte integradora do ordenamento jurídico e como tal poder ser utilizado para flexibilizar esse tipo de obrigação de forma eqüitativa.

Dessa forma, a incidência do princípio da eqüidade nas questões atinentes aos juros bancários serve, também, para suprir a lacuna atinente à regra constitucional considerada como programática, na medida em que esse preceito é implicitamente reconhecido em nossa Constituição e se trata de um parâmetro de justiça. Contudo, a aplicação deste ao caso concreto pressupõe a correta definição do que se entende por juros, sua adequada classificação e forma de ser calculado, quando só então seria possível dar um tratamento eqüitativo ao caso concreto, pois se estaria diante de suas variáveis estabelecidas de maneira clara e insofismável.

2.3. O garantismo constitucional e o direito do consumidor diante do princípio do não-retrocesso social na órbita dos juros bancários

Inicialmente, é necessário definir o que é sistema constitucional, sob o ponto de vista interno: é o nexo, político-jurídico, que unifica as partes integrantes da Constituição e as relações que se estabelecem entre os elementos que a compõem, o qual serve para, no âmbito da hermenêutica, formal e materialmente, interpretar as diversas partes da Carta constitucional e destas em relação às normas infraconstitucionais, de acordo com o seu conjunto e com os princípios gerais sobre os quais se fundamenta aquela, tendo essa sistemática repercussão na prestação jurisdicional que trata do controle da constitucionalidade das leis e dos atos do poder público.

Frise-se que a regra é a presunção da constitucionalidade das leis, sendo que a declaração de desconformidade de determinada norma com a Constituição é exceção e como tal deve ser encarada pelo juiz que presidir determinada causa na qual haja a alegação desse tipo de prejudicial, posto que a par da prevalência dos preceitos constitucionais há que se ter em mente que é missão do Direito garantir a paz e a tranqüilidade social, o que decorre de um sistema legal e de um ordenamento jurídico coerentes, precisos e claros para que tragam segurança jurídica às partes envolvidas numa contenda judicial.

Entretanto, na hipótese de se verificar a inconstitucionalidade de determinada lei ou ato normativo, o julgador, ao apreciar essa questão de forma incidental e constatar a ocorrência dessa situação jurídica, tem a faculdade ou o dever de não aplicar aquela disposição normativa ao caso concreto, pois consoante o magistério de Kelsen a anulabilidade de ato irregular significa a possibilidade de fazer desaparecer suas conseqüências jurídicas, afirmando que a anulação comporta graus,[47] o que possibilita limitar aquela declaração à determinada lide.

Ademais, o julgador, ao se deparar com dispositivo em desconformidade com a Constituição, quando no exame do caso concreto, pode-se utilizar para tanto da redução constitucional sem a fixação de nulidade, o que representa a declaração de eventual inconstitucionalidade e da nulidade parcial das leis, sem com isto destruir *in totum* o ato legislativo, o que é possível por uma interpretação adequadora de determinada norma aos preceitos constitucionais, cuja supremacia há de ser reconhecida.

Assim, fixados os parâmetros supracitados, quanto ao sistema empregado na Constituição e sua forma de interpretação, é possível tratar da questão relativa ao garantismo constitucional de forma contextualizada, sendo que este significa a forma de atuação do Estado para assegurar o exercício e a eficácia dos direitos fundamentais reconhecidos em nossa Magna Carta, ou seja, serve para dar segurança ao tipo de interesse jurídico que por sua natureza demanda uma proteção especial.

---

[47] FERRARI, Regina Maria Macedo Nery. *Efeitos da Declaração de Inconstitucionalidade*. 4ª ed. rev., atual. e ampl. São Paulo: Revista dos Tribunais, 1999, p. 141.

Aliás, a esse respeito é importante trazer a lume os ensinamentos de Bonavides[48] no que concerne à definição do que se entende por garantismo constitucional, valendo-se das lições de Littré, Rui Barbosa e Jorge Miranda, ao asseverar que:

A confusão, que irrefletidamente se faz muitas vezes entre *direitos e garantias*, desvia-se sensivelmente do rigor científico, que deve presidir à interpretação dos textos, e adultera o sentido natural das palavras. Direito é a faculdade reconhecida, natural, ou legal, de praticar ou não praticar certos atos. Garantia ou segurança de um Direito, é o requisito de legalidade, que o defende contra a ameaça de certas classes de atentados de ocorrência mais ou menos fácil.

Os direitos representam só por si certos bens, as garantias destinam-se a assegurar a fruição desses bens; os direitos são principais, as garantias acessórias e, muitas delas, adjetivas (ainda que possam ser objeto de um regime constitucional substantivo); os direitos permitem a realização das pessoas e inserem-se direta e imediatamente, por isso, nas respectivas esferas jurídicas, as garantias só nelas se projetam pelo nexo que possuem com os direitos; na acepção jusracionalista inicial, os direitos *declaram-se*, as garantias *estabelecem-se*.

Portanto, estabelecida a concepção de garantia constitucional, passa-se ao exame, no presente estudo, da segurança que diz respeito ao direito do consumidor no que tange aos juros bancários, a qual está disposta no art. 5º, inc. XXXII, da C.F., assegurando o gozo daquele no âmbito deste tipo de contrato, sem com isso comprometer a política monetária governamental constitucionalmente assegurada, uma vez que para o Estado de Direito Democrático também é juridicamente relevante garantir o interesse da coletividade no que diz respeito às relações de consumo no mercado financeiro, a fim de coibir eventuais arbitrariedades dos grupos financeiros no trato dessa questão, potencial lesivo que é passível do controle estatal.

Note-se que, em se tratando de juros bancários, a instituição financeira assume o papel de intermediário entre o produtor da moeda, ou seja, o Estado, e também

---

[48] BONAVIDES, Paulo. *Curso de Direito Constitucional*. 8ª ed. rev., atual. e ampl. São Paulo: Malheiros, 1999, p. 483/484.

o proprietário desta, investidor ou agente superavitário, e o consumidor final do dinheiro na operação de crédito, isto é, o tomador deste ou agente deficitário, sendo que essa relação de consumo decorre da prestação do serviço bancário (art. 3º do Código de Consumidor), a qual é o objeto da garantia constitucional precitada, não apenas quanto aos serviços bancários propriamente ditos, mas ao seu produto específico: a atividade financeira realizada no mercado creditício.

Assim, os interesses difusos a serem preservados, decorrentes da relação financeira de crédito e relativos aos consumidores finais do produto, dizem respeito aos princípios da transparência na relação comercial em tela e da economicidade, de acordo com o examinado no item anterior, sendo que o primeiro decorre do princípio da boa-fé e visa à obrigatoriedade de informações claras e precisas não só quanto à taxa de juros exigida como também quanto à de reciprocidade, sob pena da omissão no cumprimento desse dever jurídico pelo fornecedor do serviço bancário resultar na desconstituição da taxa inicialmente avençada, o que também pode decorrer do segundo preceito mencionado, o qual tem por objeto evitar desequilíbrios contratuais imanentes à não-utilização do redutor da taxa de reciprocidade no cômputo dos juros pactuados, o que implicaria flagrante prejuízo para o consumidor.

A par disso, há que se considerar que a política econômica de consumo é de ordem pública e interesse social, o que necessariamente obriga a harmonizá-la e compatibilizá-la com a política monetária para o caso dos juros bancários, pois, se é consenso que o preço da moeda e dos bens devem ser preservados pela estabilização econômica, não menos verdade é o fato de que o interesse coletivo existente na relação de consumo atinente ao mercado financeiro também deve ser garantido pelo equilíbrio financeiro e contratual para fixação no preço do dinheiro, ou seja, os juros.

ENTRE O PÚBLICO E O PRIVADO
A regulação dos juros bancários e a sua aplicação

97

Dessa forma, mesmo para aqueles que consideram como meramente programática a limitação dos juros reais em doze por cento (12%) ao ano, é de se admitir a utilização dos princípios anteriormente invocados nesse tipo de relação de consumo, bem como a regulação dos juros pelos próprios mecanismos e fórmulas financeiras existentes no sistema bancário, como a inerente à taxa de reciprocidade, o que, de regra, é omitido nesse tipo de contrato em prejuízo do consumidor. Isso aliado ao fato de que a utilização do referido redutor serviria para adaptar os juros exigidos à realidade do mercado financeiro, bem como para restabelecer o equilíbrio desejado no ato econômico-jurídico relativo à fixação dos juros bancários.

Aliás, a operacionalização da garantia precitada decorre da utilização dos princípios atinentes à relação de consumo, dentre os quais cumpre destacar o da vulnerabilidade do consumidor no mercado de consumo e o da inversão do ônus probatório: o primeiro trata-se de elemento central da política de consumo que serve para tutelar o consumidor e como limitador às disposições abusivas com base contratual, como, por exemplo, a fixação de cláusula penal superior a 2% nos contratos bancários; o segundo, de ordem processual, visa a garantir ao agente deficitário isonomia de tratamento no acesso à Justiça, sendo fundamental para obter nas instituições financeiras os dados necessários para o cálculo da taxa de reciprocidade.

Conclui-se a partir daí que os juros bancários não estão isentos de serem examinados quanto à correção de sua fixação à luz da garantia constitucional dada ao consumidor para a preservação de seus direitos, o que é perfeitamente admissível dentro do sistema da Constituição brasileira. Aliado ao fato de que, se essa análise não poderia ser feita no que concerne à limitação estabelecida para os juros reais em doze por cento (12%) ao ano na Constituição Federal, quer em função do entendimento de que a norma constitucional em foco é de ordem programática, quer com relação à presunção de constitucionalidade de regra legal ou de disposição contratual no que diz respeito ao exame incidental feito no caso concreto, nada obsta que, utilizando-se da sistemática e do regramento vigente, possa ser perscrutada, se os mesmos foram estabelecidos adequadamente diante da principiologia disponível e incidente quanto a esta matéria.

O último princípio informador do Estado de Direito Democrático que se pretende trazer a lume quanto às questões de ordem econômico-financeira é o que diz respeito ao não-retrocesso social, reconhecido no Direito português e pouco tratado no Direito brasileiro, na medida em que a conjugação deste com os demais é útil para fazer frente aos efeitos da globalização mencionados por Faria[49] e tratados no tópico 1.2 deste trabalho, no sentido de preservar as conquistas sociais, de forma que estas não sejam tratadas apenas como custo econômico ou financeiro.

A definição do que é o princípio do não-retrocesso social é dada de forma magistral por Canotilho,[50] cujo enfoque a esse respeito é transcrito a seguir:

> Com isso quer dizer-se que os direitos sociais e econômicos (ex: Direito dos trabalhadores, Direito à assistência, Direito à educação), uma vez obtido um determinado grau de realização, passam a constituir, simultaneamente, uma garantia e um Direito subjetivo. A "proibição de retrocesso social" nada pode fazer contra as recessões ou crises econômicas (reversibilidade fática), mas o princípio em análise limita a reversibilidade dos direitos adquiridos (ex.: segurança social, subsídio de desemprego, prestações de saúde), em clara violação do princípio de proteção da confiança e da segurança dos cidadãos no âmbito econômico, social e cultural, e do núcleo essencial da existência mínima inerente ao respeito pela dignidade da pessoa humana. O reconhecimento desta proteção de direitos prestacionais de propriedade, subjetivamente adquiridos, constitui um limite jurídico do legislador e, ao mesmo tempo, uma obrigação de prossecução de uma política congruente com os direitos concretos e as expectativas subjetivamente alicerçadas. A violação do núcleo essencial efetivado justificará a sanção de inconstitucionalidade relativamente a normas manifestamente aniquiladoras da chamada justiça social.

---

[49] FARIA, José Eduardo. Op. cit.
[50] CANOTILHO, José Joaquim Gomes. Op. cit., p. 326/327.

A seguir essa linha de raciocínio há que se conformar esse entendimento com o disposto no art. 1º, inc. III, da Constituição Federal, quanto ao princípio da dignidade da pessoa humana, no inc. V deste dispositivo, quando trata do valor social do trabalho, e *caput* do art. 170 da mesma Carta Constitucional no que se refere à questão da justiça social, transformando o não-retrocesso social em preceito impositivo e adotando-o como tópico no caso concreto e particular, a fim de que sejam garantidos os direitos fundamentais coletivos de ordem prestacional.

Sob o ponto de vista econômico, qualquer regra que dispusesse a respeito, por exemplo, do alargamento desproporcional do tempo de serviço para aposentadoria ou da desoneração do Estado pelo pagamento desta de forma integral aos servidores públicos, importaria em infringência ao direito subjetivo adquirido e à garantia constitucional de manutenção dessa prestação social, violação daqueles núcleos essenciais que resultaria na sanção de inconstitucionalidade da referida norma.

Assim, nenhum plano ou medida econômica poderiam ser adotados como justificativa para revogar ou anular direito social reconhecido constitucionalmente, à medida que isto representaria uma "contra-revolução social", no dizer de Canotilho, de sorte que o custo social há de ser levado em conta em detrimento do puramente econômico, tendo em vista que à sociedade tem maior relevância social e jurídica a preservação das prestações nas áreas da saúde, seguridade social, educação, segurança e trabalho do que o denominado crescimento econômico sustentado, pois não há reforma ou transformação da sociedade dissociada da justiça social.

Partindo dos pressupostos anteriormente mencionados, é de reconhecer que as garantias e os direitos do consumidor, em razão de terem sido instituídos como parâmetro a dignidade humana e qualidade de vida, também se trata de direito subjetivo adquirido e, portanto, núcleo essencial que se violado poderia importar no reconhecimento de inconstitucionalidade, ao menos, para o fim de declarar a nulidade parcial de norma que atentasse contra os referidos valores, através desse prisma ao analisar a fixação dos juros bancários deve atender aos preceitos precitados, caso contrário importaria em verdadeiro retrocesso social quanto à conquista dos direitos do consumidor.

Dessa forma, é perfeitamente aplicável o princípio do não-retrocesso social à ordem financeira, devendo o intérprete levá-lo em conta na hermenêutica de determinado texto em conformidade com o conteúdo da Carta constitucional, pois seria igualmente inadmissível privilegiar as instituições financeiras com a retirada de garantias que servem aos interesses coletivos, com a adoção de leis que dificultem ou impeçam a discussão do direito do crédito e da sua forma de cálculo por parte dos consumidores, dispositivos que estariam inquinados de inconstitucionalidade.

Aliás, nesse ponto, a atuação do Estado executivo e da jurisdição deve ser de ordem positiva, a fim de estabelecer uma verdadeira igualdade, de fato e de direito, entre os consumidores e as instituições financeiras, pois o direito de crédito importa, também, numa relação de consumo, garantida constitucionalmente, além de ser inerente à política monetária, quanto ao que se depreende do tratamento isonômico a ser dado a estes agentes econômicos, mister se faz trazer aqui as lições de Alexy,[51] ao asseverar que:

> La base del modelo está constituida por la fórmula clásica: "Hay que tratar igual a lo igual y desigual a lo desigual"... De acuerdo com lo expuesto arriba, la primera parte debe ser interpretada mediante la norma de tratamiento igual:
> Si no hay ninguna razón suficiente para la permisión de um tratamiento desigual, entonces está ordenado un tratamiento igual y su segunda parte, mediante la norma de tratamiento desigual:
> Si hay una razón suficiente para ordenar un tratamiento desigual, entonces está ordenado un tratamiento desigual.

---

[51] ALEXY, Robert. *Teoria de los derechos fundamentales*. Madrid: Centro de Estudios Constitucionales, 1993, p. 408 e 418.

Este cuadro obtiene un mayor refinamiento si se consideran los *derechos de igualdad prima facie abstratos* de los cuales – al igual que en el caso de los principios definitivos abstractos – hay dos. Uno igualdad fáctica. El derecho *prima facie* a la igualdad de *iure* puede ser formulado como derecho *prima facie* a la omisión de tratamientos desiguales; en cambio, el derecho *prima facie* a la igualdad fáctica es un derecho *prima facie* a acciones positivas del Estado.

Feitas essas considerações no que concerne à principiologia constitucional a ser empregada no tratamento dos juros bancários, é necessário passar ao exame no capítulo seguinte, da sua origem, do tratamento histórico-filosófico-jurídico, da definição, da classificação, da análise financeira e da regulamentação dos mesmos no Brasil.

3. Juros bancários: evolução, análise financeira e sua regulamentação no Brasil

3.1. Juros bancários

3.1.1. Concepção histórico-filosófico-político-religiosa dos juros

A questão atinente aos juros bancários passa necessariamente pela visão histórica, filosófica, política e até mesmo religiosa que se tem do mundo no qual vivemos, pois esse tipo de concepção irá indicar o caminho a ser trilhado dentre as opções existentes, assim como aquelas a serem adotadas como parâmetro no que diz respeito a este tema, entretanto não se pretende aqui firmar um ponto de vista monolítico com base numa única vertente, mas expor as várias correntes existentes e retirar dessas as conclusões técnico-jurídicas que se entende como mais adaptadas ao sistema vigente e à realidade socioeconômica-jurídica do momento.

Por esse viés é necessário abordar, primeiramente, a visão cristã-românica no que diz respeito aos juros e a necessária distinção a ser feita destes em relação à usura, pois, enquanto aqueles eram admitidos como lícitos em diversas relações interpessoais, esta era considerada ilícita e inaceitável sob o ponto de vista religioso, moral e ético, seguindo aqui as concepções aristotélica e tomista que versam sobre esta matéria. Aliás, a esse respeito é interessante transcrever aqui algumas passagens de Le Goff[52] sobre a usura, a fim de se ter uma idéia de como era tratada essa questão na Idade Média e como esta concepção chega até nós, conforme se vislumbra a seguir:

> Mas há também *Usura*, a usura em si, denominador comum de um conjunto de práticas financeiras proibidas. A usura é a arrecadação de juros por um emprestador nas operações que não devem dar lugar ao juro. Não é portanto a cobrança de *qualquer* juro. Usura e juro não são sinônimos, nem usura e lucro: a usura intervém onde não há produção ou transformação material de bens concretos.
>
> Tudo está aí: é o estatuto do *dinheiro*, na doutrina e na mentalidade eclesiásticas da Idade Média, que é a base da condenação da usura.

Portanto, na Idade Média tudo que se pretendesse receber além do capital, ou seja, que não tivesse uma relação de reciprocidade entre o bem material dado e o recebido, era considerado usura, sendo que na obra anteriormente mencionada de Le Goff é citado o decreto de Graciano (1.140 D.C.) no qual foi estabelecido que, *"tudo que é exigido além do capital é usura"*, talvez a razão desse tipo de concepção estivesse calcada na dificuldade que tinha o homem medievo de desvincular a idéia de produção de rendimentos das fontes que não fossem o próprio trabalho e os bens corpóreos, isto é, com existência física, o que começou a ser mais bem tratado e compreendido a partir do iluminismo com a institucionalização do crédito, o qual se classifica como bem incorpóreo (gênero) atinente ao campo das obrigações (espécie).

Note-se que na Baixa Idade Média não havia um sofisticado sistema monetário como existe atualmente. As moedas eram cunhadas em ouro, e não possuíam valor intrínseco; mas eram valorados sim pelo metal precioso e raro do qual eram feitas, portanto a preocupação existente naquele período era com a justa retribui-

---

[52] LE GOFF, Jacques. *A bolsa e a vida – Economia e Religião na Idade Média*. 2ª ed., 1ª reimpressão. Traduzida por Rogério Silveira Muoio. São Paulo: Brasiliense, 1995. Tradução de: *Le bource et la vie*, p. 19.

ção ou troca entre bens de preço razoavelmente equivalentes. Aliás quanto a esta conotação econômica há que se valer novamente dos ensinamentos de Le Goff[53] ao asseverar que:

Esta preocupação com a *justiça* torna-se, ao mesmo tempo, uma idéia-força no domínio da economia, tão penetrada pela ideologia religiosa e ética. Os dados fundamentais da atividade econômica, da economia de mercado que começa a funcionar. São o *justo preço* e o *justo salário*. Se, de fato, o *'justo' preço não for precisamente o do mercado, a exigência de justiça não está presente*. A usura é um pecado contra o preço justo, um pecado contra a natureza. Esta afirmação tem algo de surpreendente. Entretanto, tal foi a concepção dos clérigos do século XIII, e dos laicos influenciados por eles. A usura é aplicada apenas na percepção de dinheiro sobre dinheiro. O dinheiro é infecundo. Ora, a usura queria fazer que ele frutificasse. Tomas de Aquino diz, após ter lido Aristóteles: *'Nummus non parit nummos'* (O dinheiro não se reproduz). Numa espécie de parábola, 'A vinha e a usura'. Thomas de Chobham constata: 'O dinheiro que dorme não produz *naturalmente* nenhum fruto, mas a vinha é nat...*almente* frutífera.

Assim, é f aferir o porquê de a moeda não inspirar maior (iança na baixa idade média e, como tal, ser restrita a a utilização, pois havia um misto de princípios religiosos e a desconfiança de então no poder de garantir o seu valor, o que era feito por uma plêiade de senhores feudais, que se encarregavam de sua emissão, situação que transformava esta não só em um bem escasso, mas de difícil aceitação e troca, quanto mais admitir que se pudesse estabelecer um preço para a mesma que iria variar no curso do tempo. Quanto a essa questão, Le Goff[54] em sua obra transcreve uma bela passagem, a qual trago à baila a seguir:

Thomas de Chobham o diz claramente, na seqüência do texto citado mais acima (p. 10): 'Assim o usurário não *vende* a seu devedor nada que lhe pertença, mas *apenas o tempo*, que pertence a Deus (*sed tantum tempus quod dei est*). Como ele vende uma coisa alheia, disso não deve tirar nenhum proveito.

[53] LE GOFF, Jacques. Op. cit., p. 28/29.
[54] Idem, p. 40.

Entretanto, a mesma Igreja Católica em alguns mosteiros da Idade Média não tinha o mesmo pejo em estabelecer o denominado *"mort-gage"*, que era um empréstimo pago pelo mutuário com os frutos que obtivesse com a sua própria terra, aparentemente uma troca entre coisas corpóreas de valor "similar", o que acabou por ser proibido no final do século XII, inclusive em função do impulso econômico desse período e do desenvolvimento do crédito, com o conseqüente crescimento da circulação monetária. Diga-se de passagem que a concepção de crédito sempre esteve relacionada com a idéia de crença no cumprimento da obrigação, em função de sua própria etimologia, o que faz deduzir que a partir desta é que se infere a sua íntima relação com as concepções religiosas.

Ainda, quanto à questão dos juros, mister se faz examinar mais três ideologias religiosas e éticas. A primeira delas diz respeito aos judeus para os quais era pecaminoso o empréstimo a juros a um compatriota, ao necessitado que estava em seu meio e entre irmãos, regras que não se aplicavam ao mútuo fenaratício, quando se tratasse de empréstimo a quem não fosse judeu, o qual tem por base o antigo testamento da Bíblia, em especial três de seus textos: Êxodo, XXII, 24, Levítico, XXV, 35-37, e Deuteronômio, XXIII, 20.[55]

Dessa forma, coube aos judeus trabalharem com o dinheiro e emprestarem a juros, atividade que foi muito útil para sustentar as cruzadas, tendo em vista que os cristãos não poderiam exercer esse tipo de "comércio", o que por certo gerou grandes ressentimentos na ocasião e se converteu em uma das pedras angulares do anti-semitismo. Aliás, o Concílio de Latrão já indicava isto com a possibilidade de os cristãos não honrarem o mútuo na hipótese de lhe serem cobrados "juros pesados e extorsivos, sendo proibido todo comércio entre eles e os cristãos até que os tenham ressarcidos",[56] o que demonstra que a

---

[55] Idem, p. 20/21.
[56] Idem, p. 36/37.

idéia de extorsivo vigente na época dependia mais do testamento que se professava.

Entretanto, parece mais consentâneo com a realidade a referência de Le Goff[57] que, "no tempo de Francisco de Assis e da senhora Pobreza, a verdade é que os pobres são desprezados e a usura poderia ser um meio de ascensão social que o espantalho do Inferno permite refrear"; assim, combater a usura também significava manter estratificada a classe dominante daquele período, formada por senhores feudais e clérigos.

Interessante contribuição é dada por Camargo, quando desvela o pensamento muçulmano a respeito do empréstimo a juros, o qual era permitido para o fim de se compensarem os riscos que ameaçavam o comércio de longo percurso, efetuado por caravanas e navios, sendo condenado, em contrapartida, quando o ganho do mutuante era certo e garantido, enquanto o do mutuário era incerto.[58] Veja-se que aqui há a importante inserção da idéia de risco, bem como a concepção de que se este não existisse, não se poderiam cobrar esses acréscimos, mas apenas restituir o capital entregue inicialmente pelo mutuante.

Por fim, é oportuno trazer a lume a Reforma Protestante, a qual contribuiu para a aceitação dos juros entre os cristãos, partindo da premissa de que todos os integrantes do gênero humano, marcados pelo pecado original, estavam condenados a trabalhar para atingirem a graça, todos igualmente, assim, as correntes vertentes do protestantismo passaram a admitir o enriquecimento individual, não para a carne e o pecado, mas para a maior glória d'Aquele que conferiu ao homem a oportunidade de fazer render o material que lhe foi confiado, pois querer ser pobre implicaria querer ser doente e, portanto, negar o amor de Deus pelos homens.

---

[57] Idem, p. 38.
[58] CAMARGO, Ricardo Antônio Lucas. *O capital na ordem jurídico-econômica*. Porto Alegre: Fabris, 1998, p. 144.

Isso porque, igual aos outros em virtude do pecado original, quando o homem percebesse alguma oportunidade da qual pudesse resultar alguma vantagem econômica, estaria diante de um indício de graça cuja recusa seria, por definição, pecaminosa,[59] talvez essa concepção deixe claras as diferenças de países como Alemanha, Holanda, França, Inglaterra e Estados Unidos em relação ao Brasil, o que leva a crer que cada povo tenha as escrituras e a interpretação dos desígnios de Deus que mereça.

Contudo, talvez o que melhor ilustre nas sagradas escrituras – a Bíblia – o cuidado que se deva ter com o dinheiro e os rendimentos que este produz seja "a parábola dos talentos", citada por Mateus (MC, 25, 14-30) e Lucas (LC, 19, 12-26), na qual Jesus Cristo conta que:

> Será também como um homem tendo que viajar ao exterior, reuniu os empregados e lhes confiou os bens. A um deu cinco talentos, a outro dois e ao terceiro um, segundo a capacidade de cada um deles. Depois partiu. Imediatamente, o que recebeu cinco talentos saiu e negociou com eles, ganhando outros cinco. Do mesmo modo, o empregado dos dois talentos ganhou outros dois. Mas o que recebeu um, saiu, fez uma cova na terra e escondeu o dinheiro de seu senhor. Passado muito tempo, voltou o senhor daqueles empregados e lhes pediu contas. O que recebera cinco talentos, aproximou-se: 'Senhor, disse, confiaste-me cinco talentos; aqui tens outros cinco, que ganhei'. Respondeu-lhe o senhor: 'Muito bem, empregado bom e fiel, foste fiel no pouco, eu te confiarei muito; vem alegrar-te com teu senhor'. Chegou o empregado com dois talentos e disse: Senhor, dois talentos me deste, aqui tens outros dois, que ganhei'... Disse-lhe o senhor: 'Muito bem, empregado bom e fiel; foste fiel no pouco, eu te confiarei muito; vem alegrar-te com teu senhor'. Aproximou-se também o que recebera apenas um talento, e disse: 'Senhor, sei que és homem duro, que desejas colher onde não semeaste e recolher onde não espalhaste. Por isso tive medo e fui esconder teu talento na terra; aqui tens o que é teu'. Respondeu o senhor: 'empregado mau e preguiçoso, sabias que desejo colher onde não semeei e recolher onde não espalhei. Devias, pois, depositar meu dinheiro em banco para, na volta, eu receber com *juros* o que é meu. Tirai-lhe o talento e daí ao que tem dez. Pois ao que tem muito, mais lhe será dado e ele terá em abundância. Mas ao que

---

[59] CAMARGO, Ricardo Antônio Lucas. Op. cit., p. 147.

não tem, até mesmo o pouco lhe será tirado. Quanto a esse servo inútil, jogai lá fora na escuridão. Ali haverá choro e ranger de dentes'.[60]

A advertência severa feita na parábola precitada em razão da irrefletida atitude do empregado covarde, incompetente e sem iniciativa, o qual deduziu equivocadamente que manter o patrimônio é escondê-lo e devolvê-lo com o valor presente já agastado, crítica que talvez se aplicasse como uma luva a alguns governantes da atualidade, denota que o novo testamento é bem mais compreensivo com a questão atinente aos juros, por certo antevendo a importância econômica da administração dos mesmos na política monetária de uma nação. Fixadas essas ideologias filosóficas, políticas e religiosas quanto à questão dos juros, cujas discussões ultrapassam os séculos e influenciam as concepções vigentes no Estado Moderno, mister se faz a referência às atividades bancárias que surgem também no final do século XII, não apenas com a simples troca manual das moedas feita pelos cambistas nos mercados, mas sim como uma efetiva operação de crédito, envolvendo aqui o empréstimo de dinheiro e a cobrança de juros, cujas casas bancárias mais antigas remontam a Itália, mais precisamente em Veneza (1171 d.C.) e Gênova (1408 d.C.), cujos empréstimos forçados da época, feitos em favor do poder público, serviam de lastro a mútuos dados à população em geral a título oneroso, ou seja, com a exigência de remuneração (juros). Assim, tem-se aqui mais uma vez a participação do poder estatal na incipiente política monetária daquele período histórico, bem como o deslocamento dos empréstimos de um único mutuante individualmente para uma sociedade, cuja mercadoria era exatamente o dinheiro.

3.1.2. Natureza jurídica

Para que a natureza jurídica dos juros seja perscrutada é necessário que estes sejam inseridos no contexto

---

[60] Bíblia Sagrada, MC, 25, 14-30. São Paulo: Círculo do Livro S.A., 1991, p. 1.206/1.207.

jurídico quanto à posição que ocupam em relação aos demais bens e direitos, portanto, o primeiro ponto a ser abordado diz respeito ao tipo de classificação relativa às coisas na qual os mesmos estão incluídos. Não parece existir a menor dúvida de que estes são coisas incorpóreas, ou seja, as criações do espírito humano as quais não têm existência física, mas representam um proveito econômico, mais precisamente os direitos. Talvez surgisse daí a imprecisão técnica com a qual esta questão era tratada na Idade Média, pois as trocas de então se davam com bens corpóreos, ou seja, com existência material (ex.: gado por terras, ouro por madeira, etc.).

Ainda, no que tange à classificação dos juros como coisas incorpóreas, é necessário, também, que se analise se o bem do qual se retira seu proveito econômico pode ser substituído ou não, sendo este um rendimento relativo ao dinheiro. Evidentemente que a restituição do mútuo bancário, o qual por sua natureza comercial é oneroso, ocorre com o pagamento na mesma espécie de moeda e na igual quantidade do capital inicialmente empregado, com o acréscimo da pecúnia referente aos juros, portanto, trata-se de coisas fungíveis, cuja substituição é perfeitamente possível.

A par disso, é de se concluir também que os juros são coisas acessórias, pois sua existência pressupõe que haja uma coisa principal, no caso em exame o dinheiro, sobre o qual será retirado o proveito econômico relativo aos juros, cujo destino destes necessariamente seguirá o do objeto principal do contrato de empréstimo, de forma que se não for devido por alguma invalidade contratual igual sorte terão os juros.

De outro lado, também são de coisas consumíveis, até em função da natureza do bem sobre o qual incidem, ou seja, a moeda, a qual é o seu objeto, isto é fácil de se aferir, pois na eventualidade de ocorrer, por exemplo, um inadimplemento contratual, pressupõe-se que o mutuário dos juros esteja se valendo da quantia que usaria para pagar seu débito para adquirir outros bens ou para aplicar tal montante no mercado financeiro e obter com isso ganhos atinentes à remuneração do capital, isto é perfeitamente viável sob o ponto de vista fático, econômico e jurídico, embora não seja recomendável sob o viés ético.

Embora, haja controvérsia a respeito, alevantada inclusive pelo jurista maior deste país, Pontes de Miranda,[61] que vislumbrava o juro como *"produto do direito de crédito"*, para o presente estudo é suficiente considerar e trazer a lume a classificação dos juros na categoria de frutos que advêm do dinheiro, ou seja, como o rendimento do capital dado inicialmente ao mutuante, evidentemente que são frutos civis, isto é, que decorrem de coisa, cujo proprietário ou possuidor, de acordo com a lei, permite a outrem usá-la ou fruí-la, retirando-se o proveito econômico aqui de um bem com existência material, qual seja a moeda (dinheiro), instrumento de trocas por natureza e que possui valor intrínseco, como já discorrido anteriormente.

Entretanto não basta apenas desvelar o seu gênero (coisa incorpórea), é preciso classificar os juros dentre as espécies de direitos existentes (Pessoa, Obrigacional, Coisas, Família e Sucessões), também quanto a esta classificação não há qualquer controvérsia, pois os juros estão adstritos ao campo do direito obrigacional, na medida em que os mesmos decorrem de um vínculo jurídico entre duas pessoas (físicas ou jurídicas), cujo interesse e direito de agir (ação) se voltam apenas quanto a uma destas, na qual é constituída uma obrigação de dar, em que a propriedade do dinheiro é transferida ao mutuário, que se obriga a restituí-lo em dado lapso de tempo com o acréscimo dos juros.

Por fim, quanto à prestação atinente aos juros, é preciso que seja possível (física e jurídica), lícita, ou seja, de acordo com as regras jurídicas do sistema vigente,

---

[61] PONTES DE MIRANDA. *Tratado de Direito Privado.* 3ª ed. Rio de Janeiro: Borsoi, 1970. Tomo XXXIV, § 1.189, p. 96.

determinada, isto é, que o preço do dinheiro esteja perfeitamente delimitado pelas taxas bancárias previamente estabelecidas no contrato, o que impossibilita a omissão da taxa, isto é, que seja estipulada sem o conhecimento do mutuário e ao alvedrio do mutuante, e que o cálculo dos mesmos sejam plenamente avaliáveis em dinheiro, ou, por outra, que sua conversão na moeda vigente seja possível em uma eventual condenação.

Há que se destacar, ainda, que os juros bancários são de natureza mercantil, tendo em vista que a pessoa jurídica da instituição financeira bancária que participa desses tipos de contrato faz parte do pólo ativo desta relação obrigacional. Assim, essa atividade é comercial em razão de os atos praticados serem reputados como de mercancia por força no disposto no Regulamento nº 737 de 1850.

Portanto, conclui-se que a natureza jurídica dos juros bancários são mercantis e se trata de coisas incorpóreas, fungíveis, consumíveis, acessórias, frutos do dinheiro, pertencentes ao campo do direito obrigacional, especificamente da obrigação de dar coisa certa, ou seja, em pecúnia, cujas prestações devem ser possíveis, lícitas e determináveis economicamente.

3.1.3. Definição

No que tange à definição dos juros bancários, essa é em muito pouca coisa diferente da relativa aos juros do direito civil, a não ser pelo fato de aqueles estarem inseridos no campo do direito mercantil, o que permite aqui trazer à baila algumas das definições usadas por nossos civilistas. A primeira delas diz respeito a Monteiro[62] para quem os juros "são o rendimento do capital, os frutos produzidos pelo dinheiro, representando os juros a renda de determinado capital".

---

[62] MONTEIRO, Washington de Barros. *Curso de Direito Civil – Direito das Obrigações, 1ª Parte.* 20ª ed. rev. e atual. São Paulo: Saraiva, 1985. Vol. 4ª, p. 337.

O insigne jurista e autor do Código Civil, Bevilá-qua[63] define os juros asseverando que: "os juros são os fructos do capital empregado, representam a remuneração do uso do capital, preço do tempo, e o risco do reembolso".

Ao passo que Pereira[64] sustenta que, "chamam-se juros as coisas fungíveis que o devedor paga ao credor, pela utilização das coisas da mesma espécie a este devida, pressupondo uma obrigação de capital, de que o juro representa o respectivo rendimento, distinguindo-se com toda a nitidez das cotas de amortização. Mais adiante o mesmo autor esclarece que, na idéia de juros, se integram dois elementos: "um implica em remuneração pelo uso da coisa ou quantia do devedor, e outro que é a cobertura do risco que sofre o credor".

Já Diniz,[65] utilizando-se dos conceitos de Monteiro, Almeida e Rodrigues, formula a seguinte definição: "os juros são o rendimento do capital, os frutos civis produzidos pelo dinheiro, sendo, portanto, considerados como bem acessório (CC., art. 60), visto que constituem o preço do uso do capital alheio, em razão da privação deste pelo dono, voluntária ou involuntariamente. Os juros remuneram o credor por ficar privado de seu capital, pagando-lhe o risco em que incorre de não mais o receber de volta".

Os juros bancários na concepção de Abrão[66] são: "compensatórios ou retributivos, devidos em matéria mercantil desde o tempo do desembolso, ainda que não estipulados, em todos os casos permitidos pelo Código (art. 248, CCo.), constituindo o preço de cada unidade de tempo, em que o bem emprestado permanece no gozo do prestatório".

---

[63] BEVILÁQUA, Clóvis. *Código Civil dos Estados Unidos do Brasil Comentado*. Edição histórica. Rio de Janeiro: Rio, 1958. Vol. II, 7ª tiragem, p. 364.
[64] PEREIRA, Caio Mário da Silva. *Curso de Direito Civil, Teoria Geral das Obrigações*. 8ª ed. Rio de Janeiro: Forense, 1986. Vol. II, p. 85.
[65] DINIZ, Maria Helena. *Curso de Direito Civil Brasileiro, Teoria Geral das Obrigações*. 2ª ed. São Paulo: Saraiva, 1985. 2º vol, p. 320.
[66] ABRÃO, Nelson. *Direito Bancário*. 3ª ed. rev., atual. e ampl. São Paulo: Revista dos Tribunais, 1996, p. 70 e 72.

Por fim, Camargo[67] traz a lume as lições de Hernani Estrella, que retoma a idéia de que o dinheiro *em poder do devedor estaria a frutificar*, agregando a esta a concepção de Böhm-Bawerk no sentido de que o juro *decorreria da troca de bens presentes por bens futuros, já que estes representam uma soma bem menor de valor que aqueles*. Assim, tomando como parâmetro todas as concepções anteriormente mencionadas, é possível definir que os juros bancários são o preço do dinheiro em determinada unidade de tempo, cuja obrigação do devedor é de restituir esta coisa incorpórea, fungível e acessória a título de rendimento do capital inicialmente empregado no termo avençado, frutos civis, que servem para compensar o credor pelo custo do desapossamento do dinheiro, o risco de que este não lhe seja mais devolvido e a expectativa de obter o lucro desejado, sendo este último componente o valor atribuído em decorrência da entrega do dinheiro ao devedor no gênero, quantia e prazo pretendido.

3.1.4 Classificação

No que concerne à classificação dos juros bancários pouco difere esta daquelas relativas ao direito civil, a não ser pela natureza mercantil dos mesmos, conforme gizado anteriormente, sendo que de resto também se aplicam àqueles as definições e diferenciações estabelecidas pelos civilistas, com alguns acréscimos advindos do tipo e forma de empréstimo contratado, cuja abordagem advém da área econômica, em especial no que diz respeito à matemática financeira.

Preambularmente, a distinção a ser feita é entre os juros compensatórios ou retributivos e os moratórios. Os primeiros decorrem da manifestação de vontade das partes na fixação do preço do dinheiro pelo período de sua utilização. Em regra, a rentabilidade que será acres-

---

[67] CAMARGO, Ricardo Antônio Lucas. *O capital na ordem jurídico-econômica...* Porto Alegre: Fabris, 1998, p. 149.

cida ao capital inicial é convencionada pelos contratantes para o negócio jurídico, estando fixados os limites deste proveito em título constitutivo da obrigação. Em contrapartida, os juros moratórios são aqueles que decorrem da inexecução culposa da obrigação avençada, consistindo em uma indenização pelo retardamento injustificado no cumprimento desta. Assim, os juros moratórios são devidos em razão da mora, independente da comprovação de qualquer outro prejuízo e seja qual for a natureza da obrigação, com mais razão nas pecuniárias que são o âmbito a que está restrito o presente estudo.

Frise-se quanto aos juros compensatórios, no âmbito do direito bancário, que Abrão[68] destaca que estes são devidos *desde o tempo de seu desembolso, ainda que não estipulados, em todos os casos permitidos pelo Código (art. 248 do CCo.)*, conforme já indicado anteriormente, o que demonstra a possibilidade de convenção tácita dos juros de acordo com as taxas médias praticadas no mercado.

No que tange aos juros moratórios, também é necessário gizar que são devidos desde o momento no qual o devedor foi constituído em mora, o que pode se dar pela citação, na forma do art. 219 do CPC, sendo que quanto aos mesmos não há necessidade de pedido expresso, a teor do que estabelece o art. 293 do mesmo diploma legal.

Ressalte-se que as obrigações constituídas nos empréstimos bancários, em regra, trata-se de *mora ex re*, ou seja, independem de provocação por parte do credor para demonstrar o retardamento na sua execução. Decorrem do simples descumprimento do negócio jurídico, tendo em vista que as mesmas são positivas, líquidas e vencidas, isto é, não foram cumpridas no seu termo. Assim, ocorre nessa hipótese a imediata constituição da mora, consoante preceitua o art. 960, 1ª alínea, do Código Civil, dispositivo este previsto no art. 397 do novo ordenamento civil.

---

[68] ABRÃO, Nelson. *Direito Bancário.* 3ª ed. rev., atual. e ampl. São Paulo: Revista dos Tribunais, 1996, p. 72.

Ainda, os juros podem ser classificados como convencionais e legais. Aqueles decorrem da estipulação entre as partes quanto à taxa a ser estabelecida para os mesmos, ressalte-se que para os juros moratórios o limite máximo seria de 12% ao ano ou 1% ao mês (calculado de forma simples), de acordo com o disposto no art. 5º do Decreto 22.626 de 1933 (Lei da Usura). Já os legais são aqueles em que as taxas de juros são estipuladas em lei, sendo que para o caso dos moratórios são sempre devidos, mesmo que as partes não tenham convencionado nada a esse respeito, cuja taxa, fixada pela norma do art. 1.062 do Código Civil, é de 6% ao ano ou de 0,5% ao mês, nessa hipótese também calculado de forma linear (regulado pelo art. 406 do novo Código Civil).

Note-se que a última classificação se aplica igualmente aos juros compensatórios, pois a lei também prevê que sejam devidos independente de ajuste, como por exemplo, na hipótese em que houve abuso de direito por parte do mandatário apropriando-se indevidamente de valores que cabia entregar ao mandante (art. 1.303 do CC, atualmente disposto no art. 670 do novo estatuto civil).

Igualmente, no que concerne aos juros compensatórios ou retributivos os quais fazem parte dos empréstimos bancários, podem se subdividir em juros nominais, reais ou efetivos e equivalentes. Os juros nominais são aqueles fixados para todo período do negócio jurídico entabulado entre as partes, de sorte que este representa a taxa global exigida nesse interregno de tempo, a qual resulta do somatório entre o fator de correção monetária, ou seja, representativo da desvalorização da moeda ou inflação do lapso temporal, com a taxa de juros aparente exigida, isto é, aquela que incide sobre o capital inicial ou original em determinada unidade de tempo. Frise-se que a correção monetária é variável para o período, enquanto as taxas de juros, em regra, são fixas.

Em contrapartida, os denominados juros reais são as taxas que incidem sobre o capital inicial devidamente corrigido, aqui há uma multiplicação desses fatores, representando o valor efetivamente recebido ou pago em determinado período, descontado do montante o "*quantum*" dos tributos incidentes sobre a operação financeira, representando o capital líquido percebido pelo mutuante. Por último, os denominados juros equivalentes são as taxas efetivas nas unidades de tempo do período integral contratado, dessa forma é que se afere quanto equivale uma taxa mensal ou trimestral, dentre outras, ao ano.

Por fim, a última diferenciação relevante ao presente estudo diz respeito, também, aos juros compensatórios bancários no que tange à subdivisão em prefixados e os pós-fixados: naqueles as taxas de juros são conhecidas no momento da contratualidade, bem como há uma antecipação no pagamento dos juros em unidade de tempo certa do período contratado; já nestes as taxas de juros são conhecidas ao final do período avençado pela variação de determinada taxa média do mercado escolhida para tal fim. Em regra, o seu custo é maior, pois a satisfação das prestações ocorrerá no final de cada unidade de tempo no curso do negócio jurídico realizado.

É preciso que se esclareça que a questão atinente à limitação ou não dos juros bancários será objeto de exame oportuno, no tópico que diz respeito à sua normatização, restringindo as questões enfocadas aqui às distinções existentes quanto aos tipos de juros possíveis de serem exigidos na seara bancária.

3.2. Aspectos econômico-financeiros dos juros bancários

É oportuno retomar aqui algumas questões de ordem econômica atinente aos juros bancários. Em primeiro lugar, o sistema monetário decorre da troca de moedas, de sorte que é composto pelos seus criadores, tanto no que diz respeito à manual como à escritural, sendo que aquela só pode ser emitida pelo Banco Central, ao passo que esta é produzida pelos bancos comerciais, portanto, as transações do chamado mercado monetário são efetuadas entre esses agentes. Dessa forma, os bancos no Brasil são responsáveis também pela política monetária e manutenção do poder de compra da moeda, em razão de poderem expandir a base monetária restrita, pela criação da moeda escritural, o que faz com que essa atividade deva ser administrada à luz de princípios de ordem pública e critérios técnicos, mas jamais sob enfoques de ordem passional ou religiosa. Aliás a esse respeito é oportuno trazer à baila o estudo de Moreira,[69] que afirma:

> Tendo em vista o escopo do trabalho, a escolha da estrutura teórica recaiu sobre o modelo de Brunner-Meltzer já examinado. Ele foi ajustado às particularidades institucionais brasileiras, em cujo sistema monetário a criação de moeda através da expansão de depósitos tanto pode ser realizada pelos bancos comerciais quanto pelas autoridades monetárias. Este fato resulta de o Banco do Brasil ser, ao mesmo tempo, um banco comercial comum e agente financeiro das autoridades monetárias. O conjunto das autoridades monetárias é, portanto, composto pela superposição das duas instituições. Assim, no caso brasileiro, os meios de pagamento incluem os depósitos à vista no Banco do Brasil, posto que estes são ativos do público que possuem o mesmo poder liberatório que os depósitos congêneres dos bancos comerciais. Mas também é preciso considerar que, uma vez que o Banco do Brasil localiza-se entre as autoridades monetárias, o passivo monetário desta última deve ser acrescido aos depósitos à vista no Banco do Brasil.

Assim, quanto maior a base monetária restrita, composta pela moeda em circulação mais as reservas bancárias decorrentes do dinheiro entregue ao Banco Central compulsoriamente pelos Bancos, a qual é denominada de papel-moeda escritural, maior será a liquidez, ou seja, a disposição dos meios de pagamento no mercado, o que faz com que o preço dos produtos

---

[69] MOREIRA, Roberto Moreno. *A Determinação da Taxa de Juros em uma Economia Financeiramente Aberta*. Rio de Janeiro: Fundação Getúlio Vargas, 1988, p. 20.

aumente, consoante já examinado no item 1.3 da presente dissertação.

Ressalte-se que o Banco Central serve para evitar a iliquidez dos bancos, o que ocorre quando há saques dos clientes, e as instituições bancárias não têm caixa suficiente para pagar-lhes, contudo, têm ativo e patrimônio líquido positivo para continuar operando. Então aquele empresta e toma dinheiro destas para regular o funcionamento do mercado bancário. Assim, essas operações têm por objetivo não só manter a liquidez do mercado, mas também o poder de compra da moeda. Dessa forma a política monetária pode aumentar ou diminuir a demanda por dinheiro, servindo para estabilizar o valor da moeda, injetando ou retirando dinheiro da economia e com isto controlando a inflação.

Cabe salientar, ainda, que o Banco Central passou a atuar, também, em relação aos bancos que se encontram em estado de insolvência, isto é, com o patrimônio líquido negativo, ou seja, quando os bens (coisas corpóreas) mais os direitos (coisas incorpóreas) menos as obrigações resulta em um valor negativo (menor que zero), fazendo isto para não prejudicar os depositantes e evitar a quebra do sistema bancário, sendo que os recursos utilizados para tanto são os do PROER, que advêm dos depósitos bancários compulsórios ao BACEN ou deveriam ter esta fonte de custeio. A dúvida surge em função do volume de dinheiro já alocado para tanto, o que leva a crer que o contribuinte mais uma vez esteja pagando a conta.

A par disso, existe o mercado de crédito que representa o financiamento dos consumidores e das empresas, sendo que esses empréstimos ocorrem a curto e médio prazos, bem como o dinheiro aqui advém dos agentes econômicos superavitários (poupadores), os quais têm excesso de renda sobre o consumo, cujos tomadores de poupança são os agentes econômicos deficitários, sendo que o maior de todos é o governo em seus diversos níveis, e a intermediação desses volumes de dinheiro, nos prazos pretendidos, com segurança e liquidez, é feita pelo sistema financeiro.

Note-se que, ao contrário do que alguns setores da sociedade "imaginam", o dinheiro não possui geração espontânea, portanto, a sua emissão e circulação seguem os parâmetros antes mencionados, em conformidade com o sistema produtivo de determinada sociedade. Logo, a atividade bancária pressupõe que os poupadores depositem seus haveres nos bancos, a fim de que estes emprestem aos tomadores de poupança, agenciamento que é feito mediante uma remuneração denominada de *spread*, sendo que a diferença entre a taxa de juros paga ao agente econômico superavitário e aquela cobrada do deficitário serve para cobrir os seus custos operacionais e satisfazer aquele valor, até porque a natureza jurídica da atividade das instituições financeiras é comercial, ou seja, visa à obtenção de lucro para os seus acionistas.

Assim, exsurge aqui uma das principais características bancárias dos negócios que é a interdependência entre as operações passivas de captação de crédito, assumindo aqui o banco a posição de devedor e pagando juros aos poupadores que entregam o seu dinheiro àquele, e as ativas nas quais o Banco empresta os recursos aos tomadores dessa poupança (agentes deficitários). Aliás, as relações jurídicas bancárias são bem examinada por Abrão,[70] ao trazer à baila as lições de Ferri, a seguir transcritas:

> A atividade atual dos bancos resulta de uma dúplice categoria de operações: aquelas essenciais à função que é própria dos bancos (exercício de crédito), e que consistem, de um lado, na coleta dos capitais junto aos poupadores (operações passivas) e de outro lado, na distribuição dos capitais (operações ativas); aquelas que consistem na prestação de determinados serviços (chamados de serviços bancários) a favor do público e que, não obstante a notabilíssima relevância assumida na prática, econômica e juridicamente desempenham uma função apenas acessória e complementar.

---

[70] ABRÃO, Nelson. *Direito Bancário*. 3ª ed. rev., atual. e ampl. São Paulo: Revista dos Tribunais, 1996, p. 49.

Portanto, a principal atividade das instituições financeiras no mercado de crédito consiste no produto bancário, o qual é produzido pelo banco por meio do custo de captação (ex.: cheque especial, empréstimos, etc.), diferentemente dos serviços que são prestados pelo mesmo, os quais são de natureza acessória, consoante destacado por Ferri anteriormente, pois essa função é exercida, quando o banco cobra para prestar determinado tipo de atividade bancária (ex.: talonário, abertura de conta, etc.), que representa apenas um meio de realizar seu objetivo-fim, que é a intermediação entre os agentes econômicos.

É oportuno ressaltar que, mesmo após o acordo de Basiléia na Suíça, o lastro financeiro do banqueiro (leia-se, atualmente, acionistas do banco) é muito pequeno, representando cerca de um por cento (1%) do dinheiro disponibilizado para os tomadores de poupança pela instituição financeira. Portanto, a maior parte do dinheiro utilizada nas operações de crédito aos consumidores e às empresas advém dos poupadores, que possuem depósitos bancários e aplicações financeiras em determinado banco. Assim, o aumento do índice de inadimplência ou mesmo a quebra deste repercute diretamente para os correntistas e importa em prejuízo maior para estes.

Contudo, embora o conteúdo econômico das operações bancárias, estas são entabuladas através de um contrato, negócio jurídico, que, pelas suas características de padronização e destinação a um grande número de pessoas, leva necessariamente a classificá-lo como de adesão e de consumo, o que implica a existência de regras próprias de tratamento no que diz respeito a outro fator atinente à economia, qual seja, a equação de reciprocidade no que tange à fixação das taxas dos juros, isto é, quanto maior o número de relações jurídicas que impliquem disponibilizar recursos do tomador do empréstimo para o Banco, menor deverá ser a taxa de juros exigida. Entretanto, parece que pouca relevância é dada a essa questão pelos juristas, deixando aqui os consumidores sem o respectivo atendimento de seus interesses, no sentido de que a equação precitada servisse como paradigma nessa relação de consumo para fixação dos juros.

Com relação à necessidade de ser estabelecida adequadamente a taxa de juros, é oportuno trazer à colação os ensinamentos de Mayer[71] a seguir:

De modo mais geral, a taxa de juro é importante por duas razões. Primeira, a taxa de juro é o preço de obter bens, ou recursos, agora e não no futuro. Em outras palavras, a taxa de juro mede o preço de bens e recursos futuros em termos dos bens e recursos correntes. Mesmo que não haja inflação, um dólar no ano que vem vale menos, para você, do que um dólar este ano. As trocas de bens futuros por bens correntes impregnam a nossa economia. As famílias têm de decidir se consomem mais agora ou se poupam e consomem mais no futuro, se trabalham mais este ano ou no próximo. As firmas têm de fazer pagamentos agora para produzir bens que estarão prontos no futuro. Por conseguinte, a taxa de juro é um preço que, em geral de forma implícita, penetra praticamente em todos os vãos da economia.

Segunda, quanto mais variável um preço, maior o impacto que ele tem sobre a economia. E, como mostrado nas páginas finais deste livro, as taxas de juros são altamente variáveis. A nossa língua esconde a magnitude das alterações das taxas de juro. Suponha que o preço da manteiga aumente de US$ 1 para US$ 2. Nós chamamos isto de um aumento de 100%. Mas quando a taxa de juro aumenta de, digamos, 6% para 12% em geral chamamos isto de um aumento de 6%, em vez de um aumento de 100%, só porque as taxas de juros são citadas em termos percentuais.

Mais adiante Mayer[72] discorre a respeito das variáveis que determinam a fixação das taxas de juros asseverando que:

Os determinantes das taxas de juro: método dos fundos para empréstimos. A curva da oferta de fundos para empréstimos consiste em três componentes: poupança, entrada de capital e aumentos do meio circulante. Os componentes da curva da demanda são investimento, o déficit do governo,

---

[71] MAYER, Thomas; DUESENBERRY, James S.; ALIBER, Robert Z. *Moedas, Bancos e a Economia*. Traduzido por Luiz Carlos do Nascimento Silva. Revisão e notas técnicas de Carlos Von Doellinger. Rio de Janeiro: Campus, 1993. Tradução da 4ª ed. original, p. 312.
[72] Idem nota 71, p. 316, 318, 321, 329, 330 e 332.

e o aumento da demanda de moeda para encaixe. A taxa de juro é fixada pela interseção da curva da oferta e da demanda.

A idéia básica da teoria da preferência pela liquidez é que, em equilíbrio, a taxa de juro deve ser tal, que a oferta e demanda de moeda sejam iguais. Um aumento da renda real é mais complexo. De um lado, a demanda de moeda real aumenta quando a renda real aumenta, e isso eleva a taxa de juro. Por outro lado, com a renda mais alta, a poupança também fica maior, o que deve fazer com que a taxa de juro caia. Qual o efeito que domina? Responder essa pergunta com a teoria dos fundos para empréstimos seria muito difícil. No entanto, ela é fácil usando-se a teoria da preferência pela liquidez. Quando a renda real aumenta, a demanda de moeda real cresce, enquanto a oferta real de moeda se mantém constante. Por isso, a taxa de juro tem de subir.

Suponha que o meio circulante aumente. A taxa de juro tem de cair o suficiente para fazer com que o público se disponha a ficar com a moeda extra. Isso é chamado de *efeito liquidez*... Em resposta a esse declínio na taxa de juro, o consumo e o investimento crescem, de modo que a renda aumenta. Esse aumento na renda, por sua vez, faz crescer a demanda de moeda e, por isso, a taxa de juro torna a subir.

A taxa de juro real é a taxa nominal ajustada para eliminar os efeitos da inflação, isto é: taxa de juro real = taxa de juro nominal – a taxa de inflação, ou em símbolos: r^x =r-p, onde r^x é a taxa de juro real, r é a taxa nominal e p é a taxa de inflação.

Nos quatro casos anteriores, ignoramos o incômodo "detalhe" de que o nosso sistema tributário não reage de forma correta à inflação. Por isso, o prêmio da inflação que é acrescentado à taxa de juro real iria exceder à taxa de inflação o suficiente para compensar o emprestador pelo ônus fiscal maior. Em vez de ser r^x +p, a taxa nominal deveria ser: r^x + p (1-T), onde T é a alíquota fiscal nominal. Suponha que a alíquota marginal seja de 1/3. Então, se a taxa da inflação subir 2%, a taxa de juro nominal deveria subir não 2%, mas 3%, a fim de que o prêmio da inflação depois do imposto seja igual à taxa de inflação. Da mesma forma, para calcular a taxa real depois do imposto, r^{at}, com base na taxa nominal, a equação é: $r^{at} = r(1\text{-}T) - p$.

É essa taxa depois do imposto, e não a taxa antes do imposto, que determina o investimento, o consumo e a demanda de moeda.

Se a propensão marginal a consumir e a eficiência marginal do investimento dependem da taxa de inflação, alterações na taxa de crescimento da moeda irão afetar a taxa de juro real.

Dessa forma, a aferição da taxa real de juros não depende apenas de duas variáveis, ou seja, da taxa nominal e da variação do meio circulante (aumento da base monetária), isto é, da inflação, mas dos tributos que incidem sobre as taxas de juros e também do custo para obtenção do dinheiro que foi emprestado pela instituição financeira, de sorte que esta há de representar o juro efetivo que o banco irá receber, deduzidas todas as variáveis envolvidas nesse tipo de negócio comercial. Frise-se que a determinação dos juros faz parte da política monetária do Governo Federal, de acordo com o estudo feito anteriormente, portanto, essa questão está adstrita ao campo do Direito econômico e da ordem pública, de sorte que o tabelamento puro e simples dos juros em uma taxa nominal, sem considerar todas as variáveis econômicas em jogo, serviria apenas para desorganizar o sistema financeiro do país, em flagrante prejuízo dos agentes superavitários (poupadores) e deficitários (tomadores de empréstimo), aqueles em função da perda de credibilidade e segurança do sistema, e estes em razão da restrição do crédito e o aumento do custo do dinheiro, o que certamente viria a ter uma repercussão negativa para todos os consumidores. Aliás, um exemplo claro disso com repercussão direta na vida de um povo é o estado econômico atual da Argentina, cujas fórmulas heterodoxas e populistas culminaram em uma crise sem precedentes naquele país.

Assim, fixadas tais variáveis, é possível melhor compreender o que se entende por juro real, o que certamente deverá levar em conta não apenas a variação monetária, mas também o custo médio ponderado do capital emprestado – excluindo aqui tanto as maiores quanto as menores taxas do mercado para captação de recursos –, ou seja, quanto está sendo despendido pelo Banco na operação passiva de captação para empregar o dinheiro na ativa, o que inclui aqui o valor dos tributos incidentes sobre os ativos financeiros. Assim, esse *quantum* líquido apurado é que estará sujeito aos parâmetros constitucionais.

Outro ponto que merece ser examinado aqui é no que diz respeito aos juros simples e compostos, os quais são objeto de controvérsias e atecnicismo no tratamento da questão, cabendo aqui definir o que a matemática financeira entende pelo denominado juro teórico ou de capitalização simples. Este ocorre, quando a remuneração do investimento incide apenas sobre o capital inicial em determinado período de tempo, de sorte que o valor da aplicação tem crescimento linear, ou seja, o cálculo do mesmo decorre de regra de três simples, o qual pode ser representado por uma reta e pela seguinte fórmula: $S = P (1 + in)$; donde "S" é o valor futuro, capital final ou de resgate, "P" é o principal ou capital inicial, "i" é a taxa de juros e "n" o período de tempo considerado.

Já os juros compostos ocorrem quando, a cada período determinado, a capitalização se incorpora ao capital inicial, de forma que o valor da aplicação tem crescimento exponencial, ou seja, o cálculo do mesmo decorre de uma progressão geométrica, o qual pode ser representado por uma curva exponencial e pela seguinte fórmula: $S = P (1 + i)^n$; donde "S" é o valor futuro ou de resgate, "P" é o principal ou capital inicial, "i" é a taxa de juros e "n" o período de tempo considerado.

Aliás, quanto aos denominados regimes de capitalização de juros, simples e compostos, é oportuno trazer à colação, as definições quanto a estas questões dadas por Juer,[73] a seguir:

A sucessiva incorporação dos juros ao principal, ao longo dos períodos financeiros ou de tempo, denomina-se capitalização e pode ser feita segundo os seguintes regimes:
a) *Regime de Capitalização Simples* – quando apenas o capital inicial rende juros, ou seja, quando os rendimentos são devidos única e exclusivamente sobre o principal, ao longo dos períodos de tempo a que se referir uma determinada taxa *i* de juros;
b) *Regime de Capitalização Composta* – quando os rendimentos incorporados ao principal, em cada período financeiro ou de tempo a que se referir uma dada taxa *i* de juros, passam, também, a render juros no período seguinte, ou seja, o capital investido ou emprestado será acrescido do

---

[73] JUER, Milton. *Matemática Financeira – Aplicações no mercado de títulos*. 4ª ed. Rio de Janeiro: IBMEC – Instituto Brasileiro de Mercado de Capitais, 1987, p. 25/26.

rendimento de juros, compondo um novo principal, o qual no período seguinte será acrescido de rendimento de juros e assim sucessivamente.

Note-se que, para efeito de cálculo dos juros, o mês será considerado sempre como tendo trinta dias e o ano com trezentos e sessenta dias, este é denominado de ano comercial ou bancário e tal convenção é mundialmente conhecida como a regra do banqueiro (*banker's rule*).

Ainda, cabe ressaltar que a taxa do período inteiro é chamada de nominal, sendo que as taxas de juros são proporcionais, quando se trata dos simples e mantêm uma relação de proporcionalidade com as unidades de tempo em que são informadas (ex.: 1% ao mês é proporcional a 12% ao ano para os juros simples).

Já, na hipótese dos juros compostos, se duas taxas são equivalentes, elas são efetivas na unidade de tempo. Logo se tenho na mesma unidade de tempo a igualdade entre duas taxas de juros simples e compostos, por exemplo, estes serão iguais apenas no final do período considerado. Antes do referido marco, estes serão menores do que aqueles, pois reproduzem a mesma quantia de juros para igual capital inicial e tempo, o que é aferido apenas no termo final.

Assim, é imperioso concluir que, quando se menciona a expressão taxa verdadeira, efetiva ou real cobrada, está-se tratando de juros compostos, e não dos simples, sendo esse esclarecimento fundamental no que diz respeito ao correto entendimento dos preceitos constitucionais.

Nesse sentido, há que se examinar a edição da Medida Provisória nº 1.367/96, que estabelece a possibilidade de capitalização dos juros devidos às instituições financeiras, cujas mais de vinte reedições prejudicaram a orientação jurisprudencial fixada no verbete da Súmula nº 30 do STJ. Em contrapartida, houve aqui a reafirmação do que se entende como juros reais, na medida em que este é decorrência do cálculo dos juros pela forma composta.

Por fim, outra questão tormentosa envolvendo juros compostos é a que está relacionada ao denominado anatocismo, cuja etimologia advém do grego *ana* e *tokizo* que significa a produção de interesses sobre interesses, isto é, remuneração sobre a mesma fonte objetiva, o que não coaduna com a concepção atinente à cobrança de juros, que pressupõe a capitalização destes, ou de forma simples ou composta, que serão somados ao capital inicialmente empregado, ou seja, a base de incidência de ambas as formas de cálculo é o dinheiro, sendo que será acrescido ao valor presente o montante referente aos juros.

Portanto, não há sinonímia entre anatocismo e juros compostos, pois se trata de conceitos e definições distintas, embora alguns autores intencionalmente façam questão de manter esse discurso impreciso, a fim de sofismar seus argumentos, que não resistem a uma melhor apreciação técnica do tema ou a simples regras da lógica e da hermenêutica jurídicas, bem como as da aritmética e da economia.

Aliás, tratar do tema referente aos juros sob a denominação de anatocismo é um rotundo equívoco, pois esse conceito retoma a velha concepção tomista de que dinheiro não pode gerar dinheiro em função do fator tempo, o qual a Deus pertence, logo, é a antítese do que se entende na doutrina por juro, ou seja, o fruto do capital.

3.3. Normatização dos juros bancários no Brasil

O presente estudo no que concerne à normatização dos juros no Brasil parte da análise constitucional relativa a quem compete a administração dessa variável monetária no país, qual o sistema econômico adotado para gestão desta, bem como os parâmetros estabelecidos na Constituição Federal para tratar a questão, culminando por adentrar no estudo das normas infraconstitucionais a esse respeito e na área do Direito em que as mesmas estão adstritas.

O primeiro paradigma constitucional no que tange à competência para legislar e tratar a matéria pertinente à política monetária e, conseqüentemente, aos juros já foi examinado nos tópicos anteriores, pois cabe à União Federal legislar privativamente quanto a esta matéria, de acordo com o disposto nos arts. 21, incs. VII e VIII, e 22, incs. VI, VII, e VIII, da nossa Carta Magna, cabendo ao Banco Central agir como órgão regulador da liquidez do mercado e controlador da política de créditos, garantindo a estabilidade da moeda e dos preços, consoante estabelece o art. 164, § 2º, do diploma constitucional.

Dessa forma, tem-se fixado que as matérias referentes à política monetária do país e aos juros bancários devem ser regulamentadas por normas da esfera federal, cabendo à União como ente de direito público traçar as linhas mestras quanto a esse tema, e ao BACEN as regras de coordenação e execução dessas medidas, pois não seria crível ou exeqüível que a cada variação percentual dos títulos públicos e da taxa de juros referentes a estes houvesse a necessidade da edição de uma nova lei, cuja tramitação se sabe muito bem não tem a celeridade que exigem os negócios comerciais, em especial os financeiros, nem pode ter, na medida em que deveria ser fruto de criteriosa reflexão sobre o tema em exame.

Aliás, a importância da regulamentação do sistema financeiro não passou despercebida pelo legislador constituinte: outro não era o pensamento do mesmo a esse respeito, ao estabelecer no art. 163, inc. V, da Constituição Federal, no que se refere à matéria atinente à fiscalização das instituições financeiras, que esta deveria ser tratada por lei complementar, a fim de melhor regular o mercado em sua especificidade e também de evitar que normas adstritas à ordem privada interferissem ou desregulamentassem o setor bancário, de crucial importância à política monetária do Brasil, visto que aquelas normas de hierarquia superior por certo impedirão tal procedimento.

Portanto, pelo viés precitado, o sistema monetário e creditício ficaria à mercê de ataques especulativos e de interesses puramente individuais, sem que o poder público pudesse dar uma resposta rápida e eficiente a eles. Isso é tudo o que os políticos, os economistas e os juristas, sejam eles de tendências de esquerda ou direita, socialistas ou neoliberais, estatizantes ou privatizantes, não pretendem ver acontecer no cenário nacional, porque, independente da posição ideológica que se tenha, nessa hipótese todos perdem, pois certamente o capital estrangeiro teria melhores condições financeiras e estratégicas de tirar proveito econômico disso.

A esse respeito é oportuno trazer à baila o teor de parte integrante do voto do Ministro Sydney Sanches, na ADIn nº 4-7 –DF,[74] no que concerne ao prejuízo que acarretaria ao país a aplicação da limitação do duodécimo constitucional de forma linear e nominal, sem qualquer cautela na aferição precisa do que se entende por juros reais em termos de política econômica, bem como quanto à importância da atuação do Banco Central nessa seara, cuja transcrição segue:

> Estes, se não conseguirem remuneração adequada para sua poupança no sistema financeiro institucional, procurarão canalizá-la para aplicações alternativas mais interessantes, reduzindo a oferta de recursos disponíveis no mercado, exatamente no momento em que a demanda por esses recursos estará aumentando, atraída pela perspectiva de menor custo financeiro.
>
> Como conseqüência da maior demanda por empréstimos e da impossibilidade de se obtê-los no mercado institucional, haverá grande incentivo ao aparecimento de mercados informais de crédito, com todas as distorções e inconvenientes a esse ineficiente processo de desintermediação financeira.
>
> Dessa forma, haverá racionamento no mercado institucional de crédito, com dificuldades para os tomadores em obter recursos de acordo com a necessidade do fluxo de caixa das empresas, o que poderá influenciar negativamente a sua produção.

---

[74] STF, Tribunal Pleno, rel. Min. Sydney Sanches, ADIn nº 4 –7 – DF, D.J.U. de 25.06.93.

No mercado informal, tendo em vista o risco e o custo maior da transação para o poupador, pelo menor nível de especialização na atividade de intermediação financeira, a taxa de juros da operação tenderá a se situar em patamar superior àquele que seria determinado em condições competitivas.

Assim, perdem os bancos pela desintermediação, perde o Governo pela menor arrecadação e pelo menor controle sobre a liquidez e perdem os mutuários e poupadores pelos maiores óbices e insegurança nas suas operações.

Na medida em que o Banco Central fica impedido de modificar as taxas de juros além do limite estipulado, por motivos legais ou operacionais, a política monetária passa a ser totalmente passiva. Nesse caso, duas alternativas extremas de política econômica poderiam ser vislumbradas: ajuste fiscal ortodoxo e recessivo ou expansão monetária hiperinflacionária.

O mecanismo de financiamento do déficit público pela colocação de títulos de prazo mais longo fica essencialmente inviabilizado. Na verdade, com a exclusividade das LFT para o financiamento de um déficit da magnitude atual, ocorrerá a emissão de quase-moeda, corrigida diariamente, o que configura uma outra fonte de descontrole monetário, , na medida em que a credibilidade de seu resgate diário venha a se enfraquecer.

O argumento subjacente ao tabelamento dos juros é sempre no sentido de que permitirá aumentar os investimentos, pela redução de eventual custos e, conseqüentemente, promover o crescimento econômico. Na realidade, contudo, para investir, é necessário que haja poupança, e esta, como se sabe, é função da renda e da taxa de juros. Por conseguinte, o fato de se terem taxas de juros atraentes não é condição suficiente para aumentar os investimentos. Na outra ponta, devem existir poupadores dispostos àquela taxa, a abrir mão de seu consumo presente para financiar o investimento que aumentará a produção no futuro.

Diante da declaração programática, com tamanha repercussão na vida financeira do País, a norma reguladora e aplicadora da respectiva obrigatoriedade terá que ser elaborada sob rigoroso cuidado técnico, de forma a reestruturar o conjunto do mercado e suas diversas operações, daí extraindo-se a definição do que são juros reais na nova ordem financeira desejada pelo nosso constituinte.

O segundo ponto a ser abordado, sob a ótica constitucional, versa sobre o sistema econômico adotado em nossa Carta Maior, assim, para tratar da questão dos juros há que se examinar o disposto no art. 170, *caput* e seus incs. II e IV, do texto da Constituição Federal, os quais fazem referência, respectivamente, à livre iniciativa, à propriedade privada e à livre concorrência, o que evidencia que o capitalismo foi o modelo econômico escolhido para ser adotado como fundamento da própria atividade financeira exercida no país. Diga-se de passagem que esta constatação não só é óbvia como também é reconhecida pelos tratadistas que versam tanto sobre o direito econômico como o constitucional, dentre os quais se destaca Grau,[75] que ao tratar deste tema afirma que:

> No desempenho de seu *novo papel*, o Estado, ao atuar como agente de implementação de políticas públicas, enriquece sua funções de integração, de modernização e de legitimação capitalista.
> Essa sua atuação, contudo, não conduz à substituição do sistema capitalista por outro. Pois é justamente a fim de impedir tal substituição – seja pela via da transição para o socialismo, seja mediante a superação do capitalismo e do socialismo – que o Estado é chamado a atuar sobre e no domínio econômico.
> O *sistema capitalista* é assim preservado, renovado sob *diverso regime*.
> O modo de produção, os esquemas de repartição do produto e os mercados capitalistas, no âmbito interno e no quadro internacional, são mantidos em sua integridade. Daí porque interessa ao capitalismo uma Constituição 'progressista'... Justamente no ser 'progressista' é que a Constituição formal não apenas ensejará a manutenção da 'ordem capitalista', mas conferirá operacionalidade plena ao poder detido pelas classes dominantes.

Por conseguinte, se o fundamento econômico da Carta Constitucional brasileira é o sistema capitalista, o qual é lastreado no crédito, a intervenção no campo financeiro relativa aos juros deve ser de regulação, no sentido de coibir o abuso do poder econômico, fornecendo normas de conduta e atuação das autoridades monetárias, de sorte que a aplicação do princípio da economicidade sirva para reduzir desequilíbrios e evitar crises sociais, e não de estabelecer um dirigismo regulado pela interferência e planificação do Estado como detentor da propriedade de todos os bens, o que é afeto ao regime econômico comunista.

---

[75] GRAU, Eros Roberto. *A ordem Econômica na Constituição de 1988.* 4ª ed. São Paulo: Malheiros Editores, 1998. p 28/29.

Finalmente, o último parâmetro constitucional a ser examinado aqui é o art. 192 de nossa Carta Magna, em especial, no que se refere ao tormentoso tema tratado no § 3º desse dispositivo, uma vez que o *caput* trata do Sistema Financeiro Nacional e o referido parágrafo quanto à limitação atinente aos denominados juros reais, os quais, consoante estudado no tópico 3.2, que trata dos aspectos econômico-financeiros destes, versam sobre a subclassificação que a matemática financeira estabelece para os juros de capitalização composta, quando duas taxas são equivalentes, de sorte que estas são efetivas ou reais na unidade de tempo.

Portanto, quem fala em juros reais está tratando da forma de cálculo atinente aos juros compostos, e não em relação aos simples, logo aqueles que admitem que a regra em questão é *self-executing*[76] ou auto-executável, por questão de coerência lógica também entendem ou deveriam entender que a fórmula a ser empregada para aferição destes é a dos juros compostos, caso contrário, uma proposição seria contraditória a outra, o que é inadmissível em termos de regras de interpretação jurídica que visam exatamente a dirimir e a evitar as antinomias e os conflitos entre as normas ou internamente a estas quanto aos seus conteúdos.

A par disso, as expressões utilizadas pelo legislador constituinte têm significado e significância próprios, de sorte que a norma restritiva em questão deve ser clara e precisa quanto aos conceitos e objetivos que expressam, permitindo que aqueles atingidos por esta possam identificar perfeitamente a situação jurídica em exame e as conseqüências que dela emanam, a fim de que se atinja a estabilidade social e segurança jurídica. Isto nos leva a uma segunda constatação, a de que há a

---

[76] A esse respeito Bonavides se vale de Rui Barbosa e Pontes de Miranda para esclarecer que estas normas não necessitam ser regulamentadas para serem executadas, o Direito instituído aqui é passível de preservação e execução por seus próprios meios, sem a necessidade de indicação de autoridade ou de processo especial para sua realização. BONAVIDES, Paulo. Op. cit. nota 48, p. 215.

complementaridade e a explicitação de quais os elementos que integram a composição do cálculo do denominado juro real por meio da oração aditiva, disposta no § 3º do art. 192 do texto constitucional, que trata de incluir neste as "*comissões e quaisquer outras remunerações diretas ou indiretamente referidas à concessão de crédito*".

Portanto, o que se coibe é o excesso ilegal, ou seja, o que se denomina por usura, entretanto essa só poderá ser apreciada após ser procedida a dedução do juro nominal dos fatores relativos não apenas à variação monetária, mas também ao custo médio ponderado do capital emprestado, ou seja, quanto está sendo despendido pelo banco na operação passiva de captação para empregar o dinheiro na ativa, o que inclui aqui o valor dos tributos incidentes sobre os ativos financeiros, de sorte que este *quantum* líquido apurado é que estará sujeito aos parâmetros constitucionais, sendo que esta taxa efetiva é que poderia estar sujeita ao limite do duodécimo, isto para aqueles que entendem a regra em exame como auto-aplicável.

Cabe ressaltar que a discussão quanto ao regramento constitucional precitado será objeto de exame específico à luz da jurisprudência pátria. Assim, basta aqui trazer à baila as questões alevantadas quanto ao referido dispositivo, ou seja, se a norma em tela é programática ou auto-aplicável, na medida em que estabelecidos os fundamentos, os princípios constitucionais e a relação de fundamentação e derivação das normas infraconstitucionais, passa-se no próximo tópico ao estudo quanto à interpretação do referido dispositivo.

Fundado no sistema capitalista adotado em nossa Constituição e na competência privativa da União para regular as questões atinentes à política monetária, bem como, em função de caber ao Banco Central coordenar e executar essa diretriz econômica, em especial no que diz respeito aos juros bancários, questões de ordem pública, é necessário adentrar à análise da Lei 4.595, de

31/12/1964, que regulamenta o sistema financeiro pátrio.

No que concerne à Lei 4.595/64 não há dúvida de que foi recepcionada pela atual Carta Constitucional brasileira, visto que a organização do sistema financeiro está estabelecida no referido diploma legal, inclusive no que se refere à denominada liquidação extrajudicial, sendo objeto de controvérsia apenas alguns de seus dispositivos que versam sobre a fixação dos juros bancários. Embora se encontre cristalizada a jurisprudência do Excelso Pretório não só quanto à carência de auto-aplicabilidade do § 3º do art. 192 da C.F. (ADIn nº 4-DF)[77], mas também no que diz respeito àquele diploma legal ter revogado parcialmente o Decreto 22.626 de 1933, quanto a sua aplicação às instituições financeiras (Súmula nº 596), tendo por base a interpretação do disposto no art. 2º, § 1º, da LICC, no sentido de que o texto legal posterior revoga o anterior. Alia-se a esta corrente de pensamento o jurista Pereira[78] ao afirmar que:

Com apoio no art. 9º da Lei nº 4.595 de 31 de dezembro de 1964 o Banco Central do Brasil baixou a Resolução nº 389 de 15 de setembro de 1976, autorizando os bancos comerciais a operar a taxas de mercado. E a Circular nº 82, de 15 de março de 1967, permitiu a cobrança da "taxa de permanência" nos limites da taxa da operação, para os títulos que não forem liquidados no vencimento.

O Supremo Tribunal Federal fixou jurispru-dência, considerando que os limites do Decreto nº 22.626 não se aplicam às instituições financeiras, consignando-o na Súmula, Verbete 596.

No mesmo sentido é o entendimento de Abrão[79] *ao asseverar que:*

Entretanto, em matéria de mútuo bancário, atribuindo o art. 4º, IX, da Lei 4.595/64, competência ao Conselho Monetário Nacional para fixar taxas de juros de operações ou serviços bancários, tem-se que esse dispositivo revogou, ao menos parcialmente, a redação do art. 1º da "Lei da Usura".

---

[77] STF. RTJ nº 147, p. 719 a 858.
[78] PEREIRA, Caio Mário da Silva. *Curso de Direito Civil, Teoria Geral das Obrigações.* 8ª ed. Rio de Janeiro: Forense, 1986. Vol. II, p. 85.
[79] ABRÃO, Nelson. Op. cit., 1996, p. 72.

Em contrapartida, Wedy[80] sustenta que o Decreto 22.626/33 está em plena vigência e é o diploma infraconstitucional a ser aplicado às instituições financeiras, a fim de considerar inválido parcialmente o que exceder ao percentual de 12% ao ano a título de juros remuneratórios, afirmando categoricamente que:

> Seguimos a orientação do nosso jurista maior, e não aceitamos a nulidade absoluta do contrato, justamente por ser contrária à viabilidade e harmonia que deve imperar no acordo entre as partes. Portanto, a convenção de usuras abusivas deve ser repelida, permanecendo válidos os juros nos limites morais e legais, não se anulando por completo o pacto.
> É importante a conscientização em massa do meio jurídico para interpretação justa do disposto no art. 4º, inc. IX, da Lei nº 4.595/64. Ao autorizar o Conselho Monetário Nacional a limitar juros, além de não ter rompido com o limite de 12% a.a., o fez expressamente visando a taxas favorecidas para financiamento de finalidade desenvolvimentista e ecológica, que enumera (recuperação e fertilização do solo, etc.), e não colaborar no aumento dos ganhos das instituições financeiras.

No mesmo diapasão são as conclusões de Lupinacci,[81] que vai mais além ao asseverar que:

> Encerro este tópico, na forma de silogismo, podemos dizer que:
> a) a delegação de poderes foi taxativamente proibida pela Constituição de 46, o que resulta demonstrado pela clareza do § 2º do art. 36, e corroborado pela autoridade da opinião unânime de jurisconsultos da maior nomeada;
> b) as leis da Reforma Bancária incidiram na referida proibição constitucional, defeito este demonstrado pelo texto dos arts. 4º, IX, da Lei nº 4.595/64 e 29, VI, da Lei nº 4.728/65, nos quais a razão capta a investidura do Conselho Monetário Nacional como fonte normativa da taxa de juros, delegação esta expressamente reconhecida pela autoridade de doutrinadores respeitados, ...;
> c) conseqüentemente, tem-se que os poderes atribuídos ao Conselho Monetário Nacional afrontavam a Constituição vigente à época da investidura, pelo que são radicalmente nulos.
> (...)
> Concluindo este tópico podemos dizer que:

---

[80] WEDY, Gabriel. *O limite constitucional dos juros reais.* Porto Alegre: Síntese, 1997, p. 36 e 39.
[81] LUPINACCI, Ronaldo Ausone. *Limite da Taxa de Juros no Brasil.* São Paulo: LED – Editora de Direito Ltda., 1999, p. 50, 57 e 80.

a) a usura esta proscrita desde a Constituição de 1934, repulsa confirmada pela Carta Magna de 1946, cuja orientação se encontrava integrada ao ordenamento jurídico pelo Dec. nº 22.626/33, com o tabelamento dos juros à taxa de 12% ao ano;
b) a legislação da Reforma Bancária mostrou-se antinômica à Lei da Usura, característica permissivista esta evidenciada pelos fatos (Resolução 389/76 e licenciosidade correlata), como pelo confronto e comparação racional dos textos e das disciplinas com sentidos antagônicos, e ainda pela autoridade do Supremo Tribunal Federal que também vislumbrou incompatibilidade entre a Lei nº 4.595/64 e o Dec. nº 22.626/33;
c) conseqüentemente, tem-se que a disciplina licenciosa introduzida pela Reforma Bancária no tocante às taxas de juros afrontava a Constituição vigente, de modo que são inconstitucionais todos os dispositivos que não resguardam obediência à Lei da Usura, mormente o art. 4º, IX, da Lei nº 4.595/64.
(...)
Em síntese, afirma-se que:
a) o Banco Central não recebeu atribuições normativas na Constituição;
b) a Carta Magna não excepcionou expressamente a taxa de juros como instrumento de política econômica restritivo dos direitos e garantias individuais e;
c) logo, a atividade do Banco Central, cingida ao âmbito mercantil (comprar e vender) está sujeita, como a do Poder Executivo em geral, às restrições constitucionais e infraconstitucionais referentes às taxas de juros. (omissos nosso)

Culminando Lupinacci[82] por concluir taxativamente que:

As conclusões são evidentes em decorrência do que restou demonstrado:
a) o art. 4º, IX, da Lei nº 4.595/64 e todos os demais preceitos correlatos constantes da Reforma Bancária são inconstitucionais;
b) são nulos todos os atos normativos relativos aos níveis dos juros oriundos do Conselho Monetário Nacional posto que baixados com suporte nos dispositivos inconstitucionais;
c) está em vigor, para todos os sujeitos de direito, a Lei da Usura, com seu teto máximo de juros, limitado a doze por cento.
d) é insubsistente o verbete nº 596 da Súmula do Supremo Tribunal Federal.

Embora respeitáveis os argumentos expendidos pelos juristas precitados, é forçoso reconhecer dois funda-

---

[82] LUPINACCI, Ronaldo Ausone. Op. cit., p. 90.

136   *JORGE LUIZ LOPES DO CANTO*

mentos inafastáveis: o primeiro é de que os juros bancários versam sobre matéria afeta à política monetária e à ordem pública, portanto diploma de natureza privada, destinado a regrar relações entre particulares, e não destes com poder público, ou com instituições que exerçam função delegada deste, as quais não seria aplicável àquele regramento; o segundo, de que a normatização do Sistema Financeiro Nacional está afeto à Lei nº 4.595/64, em especial no que concerne aos juros bancários em seus incisos VI e IX.

Ademais, a coordenação e execução da política monetária no referido sistema cabe ao Banco Central no que diz respeito à fixação dos juros e regramento do mercado financeiro, tornando incompatível e inconciliável aquele diploma legal com a lei da usura, sendo forçoso reconhecer, no mínimo, a derrogação parcial desta por aquela norma quanto ao estabelecimento dos limites dos juros bancários.

Entretanto, outros dois pontos tratados por Lupinacci merecem uma melhor reflexão, que são duas das premissas sobre as quais se fundamenta o seu elegante e criativo arrazoado: a primeira delas diz respeito à assertiva de cunho econômico de que *as altas de juros impedem o investimento, a produção e o progresso da economia nacional*[83]; a segunda é ordem matemática que trata do fato de que, *em alguns casos, o lucro sequer suplantará os juros, de modo que o empresário que estiver numa tal situação terá de suportar perda patrimonial para liquidar a obrigação, ou seja, restituir o capital e pagar o juro*,[84] utilizando-se aleatoriamente de percentuais para demonstrar essa assertiva.

O primeiro ponto de divergência surge do exame do modelo econômico de Mayer exposto anteriormente no item 3.2, na qual uma das variáveis por si só não impede o investimento ou mesmo a produção, ao contrário, pela teoria da liquidez somente o ponto de equilíbrio entre a oferta e a demanda de moeda pode

---

[83] Idem, p. 24.
[84] Idem, p. 29.

trazer esse resultado, cujo juro é um instrumento para alcançar o objetivo, e não um entrave ou a causa para obstá-lo como alegado.

Com relação à suposta suplantação dos juros sobre o lucro, também laborou em equívoco o culto articulista, uma vez que se utilizou para tanto de percentuais distintos e um mesmo valor aleatório para os cálculos de seus exemplos, assim, não levou em conta um princípio comezinho de economia: o de que os custos financeiros são agregados ao custo do produto; segundo, nenhum empresário retiraria um empréstimo de 100 para obter os mesmos 100 de ganho, ao menos que ainda esteja em atividade no país, pois as máquinas que irá adquirir por certo lhe trarão benefício maior ou não alavancaria o seu negócio com capital alheio para aquisição destas. Portanto a utilização de percentuais sem uma base de cálculo consistente e demonstrável serve bem para se criar um sofisma, mas não para provar uma realidade.

Há que se ressaltar, também, que toda a linha argumentativa para taxar de inconstitucional e nulo o dispositivo da Lei de Reforma Bancária que trata dos juros, parte do efeito da ultratividade da Constituição de 1946, o que é uma exceção interpretativa, e não a regra, quando já em vigor as Constituições de 1967 e 1969, as quais recepcionaram o tema relativo aos juros, dando guarida à norma do diploma legal precitado e reguladora da questão, o que também afeta o silogismo adotado pelo referido autor.

Outro ponto que merece uma análise mais detida é quanto à suposta quebra do princípio constitucional em relação ao tratamento isonômico, em função da aplicação da Lei 4.595/64 às instituições financeiras, e não o Decreto 22.626/33. É preciso que não se perca aqui a noção clássica de Rui Barbosa quanto à isonomia no sentido de que a igualdade consiste em tratar igualmente os iguais e desigualmente os desiguais, na medida de sua desigualdade. Assim, a atividade comercial bancária impõe riscos e um controle do Estado ao qual o particular não está submetido e, portanto, está sujeito às limitações de ordem privada, e não àquelas referentes aos bancos, aliado ao fato de que estes são co-partícipes da implementação da política monetária nacional.

Ademais, o princípio da isonomia pressupõe um mesmo tratamento àqueles que são relativamente iguais, segundo determinado critério axiológico, o qual leva em conta não só a variável histórica como igualmente a possibilidade de comparar a dessemelhança, também relativa, entre todos os seres e com isso aplicar classificações diversas, segundo tal distinção, cujo parâmetro para estabelecer a diferenciação na hipótese em exame é se o agente econômico considerado está adstrito à política monetária governamental ou não, de sorte que esta limitação acaba por ser o divisor de águas no que concerne à atividade comercial bancária, à qual está sujeita, por exemplo, à reserva legal sobre os depósitos à vista.

Portanto, a fim de perscrutar a forma de se chegar ao objetivo precitado é que se faz necessário estabelecer os critérios de comparação, a fim de que os agentes econômicos possam ser agrupados com os seus semelhantes, sendo esses parâmetros as linhas mestras para alcançar uma igualdade material na escala de valores estabelecida constitucionalmente. Para tanto basta que a Lei da Reforma Bancária seja aplicada a todas as instituições financeiras, a fim de que seja dada segurança jurídica a quem participa do mercado financeiro, sendo a incidência normativa feita de forma abstrata e genérica, bem como que esta ocorra de forma geral e universal, sem que algum dos bancos pertencentes ao sistema financeiro tenha tratamento privilegiado por parte do Banco Central, o qual deve fiscalizar a atuação dos mesmos e coibir abusos em conformidade com os princípios da legalidade, impessoalidade, moralidade e publicidade, insculpidos no art. 37 da CF.

Em função disso, no que diz respeito ao regramento estabelecido no Código Civil quanto à questão dos juros, tanto no que tange aos legais de 6% ao ano, quando não houver convenção a respeito, na forma do art. 1.062, ou mesmo havendo esta não existir taxa estipulada, *ex vi legis* do art. 1.063, bem como no que concerne à livre estipulação dos juros, sem qualquer teto previamente estabelecido, consoante se vê do disposto no art. 1.262, todos da lei civil, entendo que tais dispositivos são inaplicáveis aos juros bancários para o fim de definir a questão atinente às taxas relativas a estes, pois se trata de regras de ordem privada que não estão sujeitas às instituições financeiras.

Isto decorre do fato de os bancos se sujeitarem às normas de ordem pública e estarem submetidos à fiscalização do Banco Central quanto à existência de eventual abuso econômico na realização de suas atividades mercantis, bem como aos ditames fixados pelo Governo Federal no que se refere à política monetária, podendo incidir os dispositivos precitados sobre o tema em foco subsidiariamente com a autorização da lei bancária e na lacuna desta.

Cabe aqui trazer a lume o novo ordenamento civil, cujo texto proposto e consolidado pelo Relator-Geral na Câmara, Deputado Ricardo Fiuza, aprovado pelo Senado mediante a Resolução nº 01 de 2000-CN, ora em *vacatio legis*, que embora não tenha incidência direta quanto à questão dos juros bancários, conforme ressaltado anteriormente, apresenta interessante inovação em seu art. 406 ao estabelecer que: "os juros moratórios não convencionados, ou o forem sem taxa estipulada, ou quando provierem de determinação da lei, serão fixados segundo a taxa que estiver em vigor para a mora do pagamento de impostos devidos à Fazenda Nacional"; ou seja, não estipula prévia e nominalmente um valor percentual para a taxa de juros a ser observada, remetendo esta questão ao ordenamento fiscal de natureza pública, cujo parâmetro adotado, atualmente, é o da taxa referencial do Sistema Especial de Liquidação e

Custódia – Selic, para títulos públicos federais, conforme art. 13 da Lei 9.065/95, capitalizados mensalmente. Ainda, quanto a essa matéria, o art. 407 do novel Código Civil encerra o tratamento dado aos denominados juros legais, estendendo estes também as obrigações que não sejam de natureza pecuniária, e o art. 591 do mesmo diploma legal, ao tratar do mútuo, reitera a adoção da taxa referencial como limite para fixação dos juros, além de permitir a capitalização anual destes, estabelecendo para as obrigações civis um novo paradigma, tendo por base a variação no mercado financeiro do prêmio a ser pago pelo Governo Federal para os títulos públicos, levando em conta a média ponderada desta remuneração. Em última análise, a política monetária do país se faz presente também nas relações jurídicas sujeitas ao referido ordenamento civil, embora este último não possa regular aquela.

Entretanto é preciso que se diga que a sujeição das instituições financeiras à Lei da Reforma Bancária, ao menos até que seja editada lei complementar que estabeleça os parâmetros a serem seguidos no que diz respeito às taxas de juros no mercado financeiro, não importa na inexistência de meios de controle destas e verificação da ocorrência de práticas que atestem o abuso econômico por parte dos bancos. Ao contrário, no que concerne aos contratos bancários, temos um instrumento legal hábil para dirimir tais conflitos e salvaguardar os clientes das instituições financeiras e consumidores dos produtos atinentes à obtenção de crédito, qual seja, o Código de Defesa do Consumidor.

Aliás, esse é o entendimento preconizado por boa parte de nossos juristas, dentre os quais Rizzardo,[85] o qual preleciona quanto a esta matéria que:

> Ora, a própria Lei 8.078 dissipa as dúvidas, ao inserir no art. 3º, § 2º, a atividade bancária no rol dos serviços: "Serviço é qualquer atividade fornecida no mercado de consumo, mediante remuneração, inclusive as de

---

[85] RIZZARDO, Arnaldo. *Contratos de crédito bancário*. 3ª ed. rev., atual. e ampl. São Paulo: Revista dos Tribunais, 1997, p. 25.

natureza bancária, financeira, de crédito e securitária, salvo as decorrentes das relações de caráter trabalhista".

No caso, havendo a satisfação de uma necessidade referente a crédito, plenifica-se a relação entre fornecedor e consumidor, consistente na prestação de um serviço.

Especialmente o princípio da transparência, proclamado no art. 4º, é imprescindível nos contratos bancários. Decorre da lealdade e do respeito que devem imperar nos negócios, nada se ocultando ao consumidor, e tudo se colocando em termos límpidos, inteligíveis, sem subterfúgios, com o que se chega à existência da boa-fé e da eqüidade, requisitos também elevados à categoria de princípios, e exigidos pelo art. 51, inc. IV. Fulminam-se de nulas as cláusulas abusivas, com vantagens extremamente exageradas ou excessivas, segundo disposições constantes no art. 6º, inc. IV, no art. 39, inc.V, no art. 51, § 1º; ou que impõe uma prestação exagerada, proibida pelo art. 51º, §, inc. III.

Dessa forma, a fixação dos juros bancários pode ser examinada sob a ótica da denominada equação de reciprocidade citada anteriormente no item 3.2, ou seja, quanto maior o número de relações comerciais mantidas entre as partes que impliquem disponibilizar os recursos do tomador do empréstimo para o banco, menor deverá ser a taxa de juros exigida deste, devendo essa fórmula servir como paradigma da relação de consumo. Entretanto, as instituições financeiras não têm tornado clara a forma de incidência desse cálculo e de redução das taxas de juros bancárias exigidas do mutuário, o que atenta ao princípio da transparência e importa em abusividade no trato da relação contratual, questão essa que deveria ser adequadamente analisada e cuja responsabilidade deveria ser imputada aos bancos, com a devida redução do percentual de juros exigido contratualmente, o que até o presente momento não tem sido objeto de exame por parte do Poder Judiciário.

4. Jurisdição e juros bancários

4.1. O problema da jurisdição e seu reflexo na interpretação dos juros bancários

É evidente que nenhum dos Poderes do Estado estão imunes às crises pelas quais atravessa o Estado Moderno, não sendo exceção o Judiciário, cujo papel é de fundamental importância, pois torna públicos os conflitos de interesses, ou seja, os litígios que ocorrem na sociedade, garantindo assim o exercício da cidadania pelo acesso à Justiça. Frise-se que a informação quanto à existência de determinada lide possibilita a compreensão dos instrumentos jurídicos, os quais são postos à disposição da coletividade para enfrentar as arbitrariedades e o desrespeito às regras de convivência social, inclusive praticados pelos próprios agentes do Estado.

Entretanto, na atualidade, o Poder Judiciário continua distante da sociedade, porque as crescentes demandas sociais, em especial, àquelas atinentes aos direitos difusos, têm aceitação restrita nas Cortes Superiores nas quais decisões formais se distanciam da almejada Justiça material, na qual poderia ser cumprida a função social de regular situações de interesse coletivo, sendo que abrir mão desse tipo de jurisdição acaba por limitar a prestação jurisdicional a questões de interesse puramente individual, as quais poderiam ser dirimidas por juízos arbitrais, o que contraria a idéia democrática de publicizar os litígios existentes.

ENTRE O PÚBLICO E O PRIVADO
A regulação dos juros bancários e a sua aplicação

A crise do Poder Judiciário pode ser examinada sob diversas perspectivas, como bem analisa Bolzan de Morais,[86] na medida em que esta se apresenta sob a forma estrutural, ou seja, de financiamento, consubstanciada aqui na deficiência de recursos para fazer frente aos gastos com infra-estrutura, pessoal, equipamentos e mesmo aqueles inerentes aos seus custos operacionais, inclusive o diferido, decorrente da demora na solução do litígio. Não menos relevante é a crise objetiva ou pragmática referente à utilização de uma linguagem rebuscada e inacessível à maioria das pessoas, o que, acrescida à burocratização e à lentidão dos procedimentos, bem como ao acúmulo de demandas, além do crescimento geométrico dessas, torna o acesso à Justiça cada vez mais difícil.

Assim, a falta de recursos para investir em um corpo técnico auxiliar capacitado a realizar cálculos financeiros, de relativa complexidade, e explicitá-los para um melhor entendimento do julgador, bem como do financiamento de cursos técnicos para os magistrados, tanto na área financeira como na do direito econômico, torna os juízes menos habilitados para solucionar conflitos dessa natureza, valendo-se de teorias ultrapassadas ou de preceitos equivocados para decidir litígios que necessitam de alta especialização e conhecimento jurídico aprofundado em temas pouco estudados, o que torna a prestação jurisdicional deficiente e menos efetiva para os casos que tramitam diuturnamente no Judiciário, quanto à matéria referente aos juros bancários.

A par das questões anteriormente mencionadas, há também as crises subjetiva ou tecnológica e a de paradigma, a primeira ligada à dificuldade que os operadores jurídicos têm em lidarem com as novas realidades fáticas; já a última tem a ver com a perplexidade da magistratura ante as novas exigências sociais do final do século passado e como trabalhar com tais demandas,

---

[86] MORAIS, José Luis Bolzan de. *Mediação e Arbitragem: Alternativas à Jurisdição*. Porto Alegre: Livraria do Advogado, 1999, p. 98/102.

sob o ponto de vista jurisdicional. Evidentemente que está inserida nesse tipo de conflito a questão relativa aos juros bancários, na medida em que, na maior parte das vezes, não há uma adequada compreensão quanto ao conceito relativo aos juros e às conseqüências advindas desse instituto, tanto sob o ponto de vista jurídico como econômico.

Estes são apenas alguns dos problemas enfrentados pelo julgador na atualidade. Não obstante a relevância de tais questões, é preciso que seja levado em conta, também, que o exercício da jurisdição está condicionado a um cipoal de regras jurídicas de qualidade duvidosa, na qual a tramitação dos feitos é aumentada por um pródigo e intrincado sistema recursal, que acaba por "eternizar" as lides. Além disso, a atuação do magistrado importa, no mais das vezes, em sacrifício da vida pessoal e familiar em prol da solução dos conflitos existentes, em número e complexidade cada vez mais elevados.

Aliás, é apropriado aqui trazer à baila as palavras do Ministro Francisco Rezek em manifestação na Folha de São Paulo, p. 3, de 15-11-98, ao afirmar que:

> Nossas regras de processo, antes de tudo, parecem não querer que o processo termine, e pouca gente hoje crê que isso ajude mesmo a apurar a verdade para melhor fazer justiça.

Contudo, o problema da jurisdição não está adstrito a tal problemática, mas igualmente, no caso do Brasil, ao crescente conflito entre os Poderes, pretendendo o Executivo, com o auxílio do Legislativo, cercear o exercício da jurisdição, ora com o aceno da redução dos vencimentos dos magistrados, o que gera insegurança a este operador, desprovido da possibilidade jurídica de auferir sua subsistência por qualquer outro meio senão por seus estipêndios, ora com a possibilidade de criação de mecanismos de limitação da independência da magistratura, com a instituição de um conselho nacional da magistratura e de súmulas vinculantes, numa clara tentativa de vincular as decisões futuras a uma ideologia normativa a qual devem juízes e tribunais se curvar, quanto mais, quando advenha essa concepção "dominante" do governo.

Ademais, outra discussão que se impõe é quanto ao tipo de Poder Judiciário que se pretende, se apenas célere, mesmo que sem qualquer conteúdo valorativo ou social quanto às decisões que prolata, levando em conta somente a chamada eficiência da rapidez, na qual a avaliação de um "bom juiz" é medida pelo seu desempenho quantitativo, e não qualitativo, como se o exercício dessa função, de cunho eminentemente social, pudesse ser avaliado por um parâmetro matemático e descomprometido com a realidade que o cerca, ou se aquele deve primar pela compreensão e empatia quanto com as questões sociais da atualidade, a meu ver, posição mais consentânea com as expectativas da sociedade quanto a este poder do Estado.

O corolário desta reflexão não pode ser outro que não o questionamento quanto à forma de atuar do operador do Direito, isto é, se deve ter em mente as repercussões econômicas de sua decisão ou se estas devem atentar exclusivamente às questões de cunho jurídico, pois, como já analisado anteriormente, não é exigível que o magistrado, ao decidir quanto à manutenção de determinada garantia constitucional, aprecie também a repercussão dessa decisão no orçamento do Estado, pois a organização do poder político deve servir à preservação dos direitos fundamentais, e não à manutenção do equilíbrio orçamentário da máquina estatal, embora essa situação de fato possa ser valorada, em grau menor, quanto aos seus efeitos mediante a aplicação dos princípios jurídicos examinados no tópico 3.2 para o caso concreto, inserindo aqueles na decisão de determinado litígio.

Dessa forma, princípios como os da eqüidade e da economicidade devem prevalecer na solução dos interesses conflitantes levados à apreciação do Judiciário, sob pena de se transformarem tais decisões em reproduções de padrões preestabelecidos, sem maior questionamento ou comprometimento com a realidade social, o que serve para aumentar ainda mais a distância entre o agregado social e aquele que julga os conflitos decorrentes das tensões deste convívio.

Entretanto, é de se ressaltar que a intervenção estatal deve ocorrer de forma descentralizada e transparente, comprometida com a realização do exercício da cidadania, pois os avanços sociais são um direito, e não uma dádiva do poder político, portanto, neste diapasão, é de importância estratégica que as decisões exaradas não sejam antagônicas à implementação de uma consistente política de juros para o investimento no crescimento econômico, de sorte que esta transferência de ativos monetários importe em aumento de produção e consumo, e não apenas no ganho desmedido das instituições que realizam essa intermediação.

Note-se que esse viés hermenêutico deve ser bem sopesado e não pode resultar no pesado imposto social atinente à inflação, ou mesmo implicar recessão ou limitação do acesso ao crédito. Esse delicado equilíbrio é que deve ser levado em conta na decisão do litígio, o que só é possível pelo conhecimento técnico da realidade econômica.

Por fim, é importante gizar que o Poder Judiciário desempenha papel fundamental na (de)construção do ordenamento jurídico do Estado, devendo zelar pela manutenção das garantias constitucionais que tratem da preservação dos direitos republicanos e do exercício da cidadania, e não simplesmente pautar suas decisões com base exclusiva em razões econômicas de interesse do poder político "dominante", em determinado momento e conjuntura, sem levar em conta que, só é possível a análise crítica da questão atinente aos juros bancários com conhecimento dos fatores financeiros anteriormente perscrutados e dos princípios aos quais os mesmos estão subsumidos.

Frise-se que, na medida em que as decisões do Poder Judiciário atendem a função social de regular situações de interesse coletivo prevalente, valora-se o seu conteúdo material, e não simplesmente formal, o que serve ao interesse do Estado Democrático de Direito, pois publiciza os litígios existentes, enfrentando as arbitrariedades e o desrespeito às regras de convivência social, servindo para garantir a manutenção da organização do poder político do Estado, aproximando-o da sociedade e dando resposta às crescentes demandas sociais.

Veja-se que as decisões atinentes aos juros são mais bem examinadas de acordo com os parâmetros utilitário e finalístico, ou seja, a análise dessa questão de ordem financeira, política e social não deve ser feita pela mera ressonância do sistema normativo, repetindo o texto legal sem qualquer apreciação valorativa, bem como não deve partir simplesmente de uma tese sem qualquer contato com a realidade econômica existente, na medida em que não há julgamento de hipóteses, mas de vidas socialmente integradas.

Em contrapartida, há que se considerar que dessa fusão de horizontes a conclusão óbvia que se impõe é a de que as regras econômicas ou financeiras não se justificam ou se fundamentam validamente por si, mas sim estão subsumidas ao preceito econômico da justiça social, que é o núcleo informador essencial dos direitos e garantias sociais, portanto, decisões norteadas pelo interesse puramente individual, quer do devedor ou do credor nos contratos bancários, sem levar em conta o interesse público atinente à política monetária e às classes menos favorecidas, as quais estão à margem do mercado financeiro, também não encontram guarida na principiologia examinada nos tópicos precedentes.

Dessa maneira, o exame dos juros bancários deve ser feito levando em conta a crise econômico-financeira do Estado Liberal de Direito e a hermenêutica jurídica, ainda que subsidiariamente, a fim de que possa se encontrar uma nova via para solução dos problemas resultantes daquela, tendo por base a criação de um sistema cooperativo que dê sustentação econômica ao Estado, bem como pela implementação de uma estratégia de autogestão, a qual esteja vinculada a um conteúdo jurídico que contemple a justiça social, como forma de corrigir as desigualdades existentes, tendo como interesse prevalente o da comunidade que deve ser tutelado pelo poder estatal, servindo a lei como instrumento de transferência e de solidariedade no campo do direito substantivo, com o objetivo claro de garantir uma melhor qualidade de vida a todos.

Assim, por esse viés é de se concluir pela necessidade da intervenção do Estado-Jurisdição sempre que estiver em risco ou forem desrespeitadas determinadas garantias constitucionais, em especial, os direitos de terceira geração que tratam dos interesses difusos, também denominados de republicados, levando em conta o fenômeno atual da globalização, ainda, que se admita a existência do pluralismo jurídico.

Por via de conseqüência, caso o patrimônio econômico de um país estiver sob o ataque especulativo, o Estado deve intervir, tanto em nível governamental como por meio do Poder Judiciário, de maneira que se restitua o equilíbrio de forças, utilizando-se de princípios como os da proporcionalidade e da economicidade para tal fim, este último tendo por base a paridade na relação custo individual e benefício social, a fim de valorar tanto o lucro privado como o social na construção de uma sociedade mais eqüânime e justa.

Nesse ponto, é importante destacar que a intervenção propugnada não pode ocorrer exclusivamente em nível do Poder Executivo, tendo em mente apenas os parâmetros financeiros estabelecidos pela tecnocracia vigente, mas também as questões jurídico-sociais as quais estão afetas ao Poder Judiciário, o que não significa que o caso concreto seja apreciado sem qualquer liame de conexão com a realidade econômica atual, mas que este dado seja atenuado pelos princípios existentes, os quais estão presentes para garantir, primordialmente, os direitos constitucionais referentes à cidadania.

Assim, o papel do magistrado é de fundamental importância para concretização da *democracia substancial*, nomenclatura dada por Ferrajoli[87] ao tratar das garantias constitucionais como dimensão da substância da própria democracia. Por conseguinte, a atuação jurisdicional estaria legitimada constitucionalmente para garantir o cidadão contra arbitrariedades e violações das regras jurídicas reconhecidas e em conformidade com a Constituição, de sorte que o controle da constitucionalidade das leis se daria segundo esse parâmetro.

Portanto, o julgador sujeitar-se-ia à lei apenas se esta fosse válida, isto é, se a mesma fosse coerente com a Constituição, de maneira que cabe ao magistrado traçar juízo de valor quanto às normas, isto é, se estas estão em conformidade com as regras constitucionais que estabelecem as garantias asseguradas por nossa Magna Carta.

Essa concepção constitucional-garantista é que deverá pautar a forma de atuação do magistrado, em especial quanto ao objeto do presente estudo, que diz respeito aos juros bancários, na medida em que os preceitos de ordem econômico-financeira deverão ser compatibilizados com as garantias estabelecidas em defesa do consumidor, a fim de que prevaleça aqui o equilíbrio de forças entre as instituições financeiras e os consumidores, sem que isto importe numa redução do mercado de crédito e conseqüente prejuízo da coletividade.

O magistrado aqui tem destacado o seu papel atual de garantir os direitos fundamentais reconhecidos constitucionalmente, na qualidade de agente do poder estatal e guardião da Carta constitucional, o que serve de fundamento para legitimação da jurisdição, daí decorre a necessidade de compatibilizar e harmonizar os precei-

---

[87] FERRAJOLI, Luigi. *O Direito como Sistema de Garantias*. *Revista do Ministério Público*, v. 16, nº 61, Lisboa: Editorial Minerva, 1995, p. 38.

tos contidos na Constituição entre si e destes com as normas infraconstitucionais, a fim de restabelecer o equilíbrio da equação econômica relativa aos juros bancários, tanto no que diz respeito aos custos individuais quanto aos benefícios sociais.

Aliás, a crise do Judiciário anteriormente descrita e a função supracitada têm repercussão imediata no trato das lides referentes aos juros bancários, pois o princípio da universalidade de jurisdição, disposto no art. 5º, inc. XXXV, da C.F., impõe ao Poder Judiciário a discussão daquela questão sob a ótica do interesse público predominante, sendo que a garantia constitucional de ação dá direito ao devido processo legal (art. 5º, inc. LIV) para dirimir esse tipo de litígio, assegurando às partes a resposta do Estado à pretensão deduzida, além dos direitos imanentes a esta como o de sustentar as suas razões, o contraditório, e o direito de produzir as provas necessárias à formação do livre convencimento do juiz.

Todavia, há que se ter em mente que a garantia conferida ao consumidor não é de ordem absoluta, pois, embora vinculada aos interesses difusos, tem seu fundamento e repercussão também no ordenamento privado, portanto sofre as restrições a que estão sujeitos todos os cidadãos nessa esfera jurídica, devendo o magistrado precisar essa limitação com a ponderação do interesse público, que está acima das questões de mero consumo, referente à política monetária nacional.

Por outro lado, a manutenção e o equilíbrio do preço do dinheiro e dos bens vêm em proveito da sociedade brasileira, parâmetro que serve como verdadeiro divisor da gestão desse tipo de conflito, sendo que a função primordial do Poder Judiciário nessa seara é a de garantir o interesse público presente na política monetária vigente. Assim, o Judiciário deve administrar não só as crises a que está submetido, mas também o peculiar interesse quanto aos juros bancários, não na condição de mero consumidor e sim, como prestador da atividade do Estado-Juridição.

Portanto, o problema que decorre das crises do Judiciário não é em relação aos conceitos de interpretação e mesmo de criação do Direito, hipótese tratada anteriormente por meio da discussão a respeito da filosofia hermenêutica, adotada como parâmetro para assegurar o atendimento dos preceitos constitucionais, mas sim no que concerne a grau, aceitabilidade e limites desse tipo de construção jurídica feita pelos tribunais brasileiros, a fim de que as decisões adotadas não derivem do puro arbítrio ou da ideologia do magistrado, mas sim de princípios conhecidos e aceitos em termos jurídicos e sociais, além de definições claras e precisas quanto ao tema que está sendo examinado.

Dessa forma, para que as decisões possam ter algum grau de respeito e de segurança às partes submetidas a uma contenda judicial, a qual é garantida pelo ordenamento público processual e que, no mais das vezes, em se tratando de juros bancários, também visa ao exame de questões atinentes à política monetária, cujo fundamento também é de ordem pública, além de perscrutar as relações referentes aos direitos difusos, cuja valoração abrange hierarquia inferior àquela primeira, mas não disposição menos importante, é necessário que a criação jurídica elaborada não seja produto da mera retórica, mas sim da principiologia vigente e dos conceitos existentes e aceitos pelo agregado social.

4.2. A hermenêutica atual dos tribunais quanto aos juros bancários

A análise que será feita neste tópico diz respeito ao denominado direito jurisprudencial, terminologia adotada por Cappelletti,[88] quando trata da *interpretação e criação do Direito* pelos juízes, bem como do método

---

[88] CAPPELLETTI, Mauro. *Juízes Legisladores?* Traduzido por Carlos Alberto Alvaro de Oliveira. Porto Alegre: Fabris, reimpressão 1999. Tradução de: *Giudici Legislatori?* p. 18.

empregado para tanto, ou seja, o *comparativo*, o qual está umbilicalmente ligado à realidade social apresentada ao Poder Judiciário, que deve dar pronta resposta a esta, devendo a exegese prestada estar contida num arcabouço de princípios e de conceitos jurídico-econômicos, na medida em que os fatos sociais não podem ser desprezados em nenhuma de suas nuanças, nem o conhecimento pode ser solapado em qualquer de seus saberes ou de suas aplicações.

O primeiro ponto a ser investigado diz respeito ao tratamento dado aos juros bancários nas Cortes Federais Superiores, tanto na interpretação constitucional dada pelo Supremo Tribunal Federal, como naquela que examina o atendimento às normas infraconstitucionais, cujo exame está afeto ao Superior Tribunal de Justiça, sendo que nesses dois tribunais, ao que parece, não há qualquer dúvida quanto à necessidade de regulamentação da norma contida no art. 192, § 3º, da Constituição Federal, a qual estabelece o limite a ser fixado para os juros no duodécimo constitucional, regra interpretada como de ordem programática e de eficácia limitada.

O acórdão paradigma no que diz respeito à não-executividade e à falta de eficácia plena da norma do art. 192, § 3º, da Constituição, quanto à limitação dos juros bancários em até 12% ao ano, sob o argumento de que a regra é meramente programática, por via de conseqüência, depende de lei complementar para sua regulamentação, em nível de interpretação constitucional, foi prolatado na ADIn 4-7/DF,[89] a qual foi movida pelo Partido Democrático Trabalhista – PDT contra atos normativos do Presidente da República com relação a essa matéria e julgada improcedente pelo Pleno do Supremo Tribunal Federal, cujo relator foi o Min. Sydney Sanches.

Frise-se que, no exame dos atos normativos precitados, não só foi considerado aquele dispositivo constitucional não-auto-aplicável, como também determinaram

---

[89] STF, Tribunal Pleno, rel. Min. Sydney Sanches, ADIn nº 4 – 7 – DF, D.J.U. de 25.06.93.

a observância da legislação anterior à Carta de 1988, até o advento da lei reguladora do Sistema Financeiro Nacional, o que igualmente foi chancelado na Circular nº 1.365 de 06-10-1988, baixada pelo Banco Central do Brasil, sendo que os votos vencedores do aresto supracitado definiram no corpo do acórdão a interpretação adequada a ser dada à referida norma da Constituição, cujos principais pontos e partes integrantes, em síntese, são a seguir transcritos:

O que é sistema? Para Caldas Aulete, sistema é o conjunto de partes coordenadas entre si; reunião de proposições, de princípios coordenados de molde a formarem um todo científico ou um corpo de doutrina. *Sistema financeiro nacional* é o conjunto de operações financeiras, regidas por normas editadas pelo Governo e fiscalizada a aplicação pelos seus organismos monetários.

No Brasil, o *sistema financeiro nacional* só se tornou efetivo após o advento da *Lei nº 4.595, de 31.12.1964, e da Lei nº 4.728, de 14.7.1965*, sendo que a primeira extinguiu a *Sumoc* (Superintendência da Moeda e Crédito) e criou o Conselho Monetário Nacional – *CMN*, incumbindo-o de formular a política de moeda e crédito; e a segunda disciplinou o mercado de capitais e estabeleceu medidas para o seu desenvolvimento, afetas àquele Conselho e ao Banco Central do Brasil.

O legislador constituinte preferiu traçar regras de orientação à estruturação do sistema financeiro nacional, já dispondo no art. 192, seus incisos e parágrafos, os princípios e os esquemas a serem observados na sua *futura regulamentação complementar*.

Como muitas vezes os preceitos constitucionais não são auto-aplicáveis, dependendo, portanto, de normatividade posterior, é que o legislador fala, *in casu*, em lei complementar. A norma assim posta no texto constitucional, é o que o eminente Prof. José Afonso da Silva chama de *norma de eficácia limitada*, e explica: "As normas de eficácia limitada são de *aplicabilidade indireta, mediata e reduzida*, porque somente incidem totalmente sobre esses interesses, após uma *normatividade ulterior* que lhes desenvolva a eficácia, conquanto tenham uma incidência reduzida e surtam outros efeitos não essenciais, ou melhor não dirigidos aos valores-fins da norma, mas apenas a certos valores-meios e condicionantes" (*Aplicabilidade das Normas Constituicionais*, Ed. RT, 1968, p. 76).

Diz mais o eminente Professor da Universidade de São Paulo: "Todas as normas de eficácia reduzida, no entanto, limitam-se a positivar princípios ou esquemas sobre a matéria objeto da cogitação do constituinte, o qual, deixa, ao legislador ordinário ou a outros órgãos do governo, sua concreção normativa, refiram-se, ou não, a uma legislação futura" (Ob.cit., p. 78). O § 3º do art. 192 da Constituição da República de 1988 insere-se no contexto dos princípios e esquemas que o legislador constituinte quer ver observados em lei complementar futura do sistema financeiro nacional.

O parágrafo acessório do artigo, não tem vida isolada ou autônoma; deve guardar coerência da vigência concomitante com a lei complementar aventada no *caput* que definirá, por certo, a sua expressão crucial e de grande celeuma: *as taxas de juros reais.*

O que são taxas de juros reais? O legislador constituinte não o disse desde logo. Apenas referiu-se a alguns elementos que devem ser considerados, e descontados como despesas financeiras à efetivação do crédito. E isso é tudo? Não. Num país de inflação galopante e sem possibilidade visível de controle, a curto prazo, onde os índices de contagem inflacionária pululam, variando desde a OTN comum, passando pela fiscal e pelo dólar no câmbio oficial até desaguar nas altas astronômicas do ouro e do dólar no mercado paralelo, seria difícil às empresas financeiras e às próprias autoridades monetárias do Governo calcularem os *juros reais,* a serem cobrados nas operações do gênero. As taxas reais calculadas apenas sob os parâmetros estabelecidos pelo parágrafo constitucional, por não espelharem a realidade do mercado creditício, levarão, por certo, ao retraimento dos operadores, pois os juros reais constitucionais não estarão remunerando o capital, na satisfação dos lucros, numa economia de livre concorrência, e assim poderão tornar inviável o negócio do investidor, e este se retrair, em prejuízo da economia nacional, como um todo.

A *prudência* recomenda uma *definição legal dos juros reais,* como quer o legislador constituinte e a técnica legislativa indica. O parágrafo, sendo atrelado ao artigo, não tendo vida autônoma, e havendo de "caput" feito depender de *lei complementar* a regulamentação do sistema financeiro nacional, aquela lei é que vai dar operacionalidade a toda a estrutura do sistema, inclusive definir juros reais, "de forma a promover o desenvolvimento equilibrado do País e a servir aos interesses da coletividade.

A própria qualificação constitucional importa na distinção entre *juros reais* e *juros nominais.* A separação entre uns e outros não é, porém, matéria discricionária ou aleatória, a critério das partes ou da autoridade pública. Pela indeterminação de seu conceito e pela delicadeza de seus efeitos em um mercado sensível por excelência, a Constituição sabiamente deferiu qualificação, assim como a de outros componentes dos sistema financeiro nacional, à lei complementar que ultimará a eficácia da norma.

O art. 192 é, destarte, uma norma *não-exeqüível,* na terminologia de Jorge Miranda, que adoto. Ou, se se preferir, *non-self-executing,* para Cooley, "não-auto-executável", para Ruy Barbosa, "não bastante em si", para Pontes de Miranda, "de eficácia limitada", para José Afonso da Silva.

Sublinhe-se que a eficácia plena do art. 192 está condicionada a uma *lei complementar.*

É à luz, pois, das *leis de mercado* que a própria fixação de um teto para os *juros reais* deve ser entendida. Em outras palavras: tabelamento dos juros corresponde a uma regra que violenta o princípio. Nestas condições ela deve ser interpretada de modo a provocar-lhe o mínimo possível de mutilação e, mais ainda, em qualquer dúvida de interpretação deve-se prestigiar aquela que favoreça o princípio.

Além do mais, a apressada proibição de juros reais acima de 12% sem que antes tenha se baixado a indispensável complementação normativa, pode implicar exageros, isto é: em repressão a juros que só aparentemente estejam a exceder o teto constitucional.

Ora, isto equivale a um manifesto cerceio da atividade empresarial com manifesta ofensa ao princípio da liberdade no campo econômico.

A determinação de um teto para taxa de juros é uma medida de *nítida intervenção do Estado no domínio econômico.*

Em assim sendo, há de ser *interpretada restritivamente* da mesma forma que é excepcional e restrita constitucionalmente a interferência estatal na ordem econômica. Daí por que seguem duas conseqüências fundamentais: a) os agentes econômicos privados necessitam de uma precisão rigorosa na determinação de um conceito que pode trazer conseqüências absolutamente incalculáveis nos rumos da economia e na alocação de recursos aos diversos setores;

b) mesmo que se queira admitir a dúvida quanto à necessidade de lei complementar, esta desapareceria ante a aplicação do princípio de que se deve sempre adotar aquela alternativa que guarda consonância com o princípio da livre iniciativa.

No caso, sem dúvida, a interpretação que melhor se compagina com as necessidades de uma economia de mercado é aquela que faz depender a aplicação do comando das flexibilizações e contemperamentos que poderão ser apartados pela lei complementar, sem prejuízo de respeitada a determinação fundamental do preceito constitucional.

O *princípio da tipicidade o impede.* É necessário lei que descreva minudentemente a hipótese delituosa, em consonância com o disposto no inc. XXXIX do art. 5º que diz: "não há crime sem lei anterior que o defina, nem pena sem prévia cominação legal (...)".

No caso não basta uma lei ordinária, porque a própria Constituição requer uma lei complemen-tar para definir o *conceito modal da hipótese delituosa.*

Enquanto este não sobrevier, o próprio legislador ordinário está bloqueado no mister que lhe *é próprio de construir a figura delituosa*".

Se as entidades financeiras forem obrigadas a pagar 12% para captação (só nas cadernetas de poupança já são 6%) e tiverem que emprestar pelos mesmos 12%, além de pagar suas estruturas, seus cadastros, seus computadores, seus funcionários, seus tributos, diretos e indiretos, sociais e sua propaganda; à evidência, se transformariam em entidades filantrópicas que pagariam para trabalhar, visto que gastariam mais do que receberiam para atender o sistema financeiro. E se reduzissem drasticamente os juros de captação, veriam a transferência de tais aplicações para outros ativos menos vulneráveis, com a criação de um violento descompasso no setor e reflexo imediato nos índices de inflação e financiamento da economia, como um todo.

O art. 192, da nova C.F., em seu *caput*, contém duas regras nucleares quais sejam, a de que o sistema financeiro nacional – quanto à finalidade – deve ser estruturado de forma a promover o desenvolvimento equilibrado do País e a servir aos interesses da coletividade e – quanto à forma – deve ser regulado por lei complementar.

Além disso, não se pode desprezar a controvérsia doutrinária, em direito e na economia, sobre o conceito de *juros reais*, que ficou evidenciada nos autos.

Tanto mais porque a expressão ingressa, pela primeira vez, no ordenamento jurídico nacional. E sem conceituação.

E mesmo que se deva aceitar o conceito de juro real, como o de juro nominal deflacionado, é preciso saber de que modo se medirá a inflação, com que índices, pois no país já houve tantos e ainda não se sabe quanto tempo durarão a desindexação e a referida "Taxa Referencial de Juros".

É preciso esclarecer também se outras comissões podem ser cobradas, que não caracterizam remuneração direta ou indireta do capital. Como, por exemplo, decorrente de prestação de serviços de administração do capital.

Na espécie, não existe lei fixando o que se deve entender por "juros reais", o que parece fazer-se absolutamente necessário, para que possa estabelecer-se o critério a ser adotado para encontrarem-se os valores das despesas, como comissões e outras remunerações – veja-se bem – direta ou indiretamente referidas à concessão do crédito, ônus estes que se incluem na taxa limitada de 12%.

Assim, embora ponderáveis os argumentos lançados nos votos vencidos, a questão restou pacificada no Supremo Tribunal Federal, no que diz respeito à constitucionalidade da fixação dos juros bancários de acordo com as taxas vigentes no mercado financeiro, aliás, corrobora esta assertiva os acórdãos trazidos à colação a seguir:

Norma constitucional de eficácia limitada. Impossibilidade de sua aplicação imediata. Necessidade da edição da lei complementar exigida pelo texto constitucional. A questão do gradualismo eficacial das normas constitucionais. Aplicabilidade da legislação anterior à Constituição Federal/88. Recurso extraordinário conhecido e provido.[90]

Taxa de juros reais – Limite fixado em 12% a.a. (CF, art. 192, § 3º) – Norma constitucional de eficácia limitada – Impossibilidade de sua aplicação imediata – Necessidade de edição da lei complementar exigida pelo texto constitucional – Aplicabilidade da legislação anterior à CF/88 – Recurso extraordinário conhecido e provido.

A regra inscrita no art. 192, § 3º, da Carta Política – norma constitucional de eficácia limitada – constitui preceito de integração que reclama, em caráter necessário, para efeito de sua plena incidência, a mediação legislativa concretizadora do comando nela positivado.

Ausente a lei complementar reclamada pela Constituição, não se revela possível a aplicação imediata da taxa de juros reais de 12% a.a. prevista no art. 192, § 3º, do texto constitucional.[91]

Recurso extraordinário. Alegação de ofensa ao § 3º, do art. 192 da Constituição. O acórdão decidiu pela auto-aplicabilidade da norma maior aludida. O Plenário do STF, entretanto, no julgamento da Ação Direta de Inconstitucionalidade nº 4-7/DF, a 7.3.1991, afirmou, por maioria de votos, não ser auto-executável o § 3º, do art. 192, da Lei Magna de 1988. Recurso extraordinário conhecido e provido, com ressalva do ponto de vista do Relator.[92]

Recurso Extraordinário. Constitucional. Artigo 192, § 3º, CF. Auto-aplicabilidade.
1. O preceito constitucional que limita as taxas de juros reais não possui eficácia plena e aplicação imediata, impondo-se se promova a sua regulamentação.
2. Precedente do Plenário desta Corte.
Recurso conhecido e provido.[93]

Dessa forma, consolidou-se a interpretação da Corte Constitucional brasileira no sentido de considerar a norma do § 3º do art. 192 da C.F. como de eficácia

---

[90] Supremo Tribunal Federal, 1ª Turma, Recurso Extraordinário nº 164.293-9-RS, rel. Ministro Celso de Mello, Diário da Justiça da União 03.12.93.

[91] Supremo Tribunal Federal, 1ª Turma, Recurso Extraordinário nº 199.376-RS, rel. Ministro Celso de Mello, prolatado em 30.04.96, RTJ, vol. 172, abril de 2000, p. 257/259.

[92] Supremo Tribunal Federal, 2ª Turma, Recurso Extraordinário nº 209.048-4-RS, rel. Ministro Néri da Silveira, julgado em 17.11.97.

[93] Supremo Tribunal Federal, 2ª Turma, Recurso Extraordinário nº 222.068-1-RS, rel. Ministro Maurício Corrêa, julgado em 21/03/2000, DJU 19/05/2000.

limitada, com aplicabilidade indireta e reduzida, ou seja, não-exeqüível, sendo dado ênfase ao escólio gramatical e ao contexto pragmático-econômico; quanto ao primeiro, em função de vir ao encontro da dicção contida no *caput* do dispositivo que estabelece: "será regulado em lei complementar, que disporá, inclusive, sobre: ..."; sendo indubitável que o termo *inclusive* abrange não só os incisos daquela norma como também os parágrafos, portanto, todas as matérias atinentes ao sistema financeiro e contidas naquele artigo serão objeto de lei complementar.

Assim, o conteúdo do parágrafo está indissociavelmente vinculado à disposição contida no texto principal do artigo, subordinando-se aquele à regra fundamental presente no *caput* deste, a fim de sistematizar de forma lógica a matéria tratada naquele dispositivo, cujo tema em foco é o sistema financeiro e com o qual cada parte desse todo complexo interage e se relaciona.

Portanto, a inserção do teto constitucional na taxa de 12% ao ano para os juros reais, em artigo que necessita de lei complementar para sua regulamentação, afasta a incidência direta e imediata daquele preceito, o qual demanda de legislação integradora para sua aplicação, até porque não há qualquer ressalva quanto ao referido dispositivo que estabelecesse alguma disposição em sentido diverso ou excepcionasse o *caput*, o que pressupõe a sua harmonização com este, exegese também chancelada pelo Supremo Tribunal Federal.

O segundo ponto a ser examinado, quanto à interpretação dada à norma supracitada pela Corte Constitucional brasileira, diz respeito ao conteúdo pragmático-econômico da mesma, de cunho utilitarista usado na referida exegese, segundo o contexto político e financeiro vigente, tendo em vista que não há como medir, de forma precisa e absoluta, sem qualquer margem de erro ou dúvida, a inflação. Portanto, igualmente não se pode precisar os juros reais como rendimento acima da inflação, pois, se a medição estiver equivocada e for sem base na principiologia vigente, o corolário jurídico será um erro passível de tornar inconstitucional até mesmo a lei complementar a ser editada.

Outro fator a ser levado em conta refere-se à ênfase dada pelo Supremo Tribunal Federal quanto à interpretação restritiva a ser atribuída ao limite dos juros no duodécimo constitucional, porque, em se tratando de intervenção do Estado no domínio econômico, esta deve estar conforme aos preceitos insculpidos na Constituição no que tange à livre iniciativa e à concorrência, os quais exigem uma maior precisão técnica e legal do que se entende por juros reais, sob pena de causar prejuízo a determinado setor da atividade econômica e à própria política monetária do país.

Ainda, na exegese da Corte Constitucional brasileira, foi levada em conta a falta de tipificação do que se depreende por crime de usura, cuja lei ordinária é interdependente da complementar a ser editada, no que tange ao estabelecimento da faixa de licitude à cobrança dos juros bancários, o que só poderá ser definido com a conceituação do que seja juro real, os seus limites e a sua abrangência.

Assim, a interpretação dada ao § 3º do dispositivo constitucional em estudo necessita de lei ordinária, a qual está na dependência de uma dupla legislação: uma de natureza complementar, que fixe os critérios para determinação do que se entende por juros reais, e outra de natureza ordinária, que tipifique a conduta delituosa relativa ao crime de usura, pois as regras existentes não têm incidência quanto à atividade desempenhada pelas instituições financeiras, o que resultaria no seguinte questionamento: a quem seria imputada a autoria do crime de usura, ao gerente operacional de determinada agência, ao gerente geral desta, aos diretores ou ao acionista majoritário do banco?

Por conseguinte, diante da complexidade do tema atinente à limitação dos juros reais ao duodécimo constitucionalmente estabelecido, adotou a Corte Constitu-

160   JORGE LUIZ LOPES DO CANTO

cional brasileira a exegese em conformidade com o que preceitua Pontes de Miranda,[94] no sentido de que a interpretação na hipótese de dúvida a respeito do limite máximo dos juros deve ser em favor de sua legalidade, presunção *juris tantum*, ou seja, a qual admite prova em contrário, conforme deflui da lição a seguir lançada:

2. JUROS E DÚVIDAS A RESPEITO DO QUANTO – Se os juros são concebidos de modo que o juiz não saiba com exatidão em quanto importam, ou se excedem, ou não, a taxa legal, tem o juiz de entender que não houve usura e notar a interpretação que lhe pareça justa, no limite máximo.

Note-se que as críticas a esse respeito por parte de Wedy no sentido de que: "tecnicamente, a sobredita norma está elencada de forma imperativa-negativa em nosso Diploma Maior, sendo da essência das normas constitucionais de índole proibitiva a sua auto-aplicabilidade"[95] não procedem; tendo em vista que a conduta imperativa negativa a ser seguida não se refere à proibição de que os juros bancários sejam fixados em patamar superior ao duodécimo constitucional, isoladamente considerado, mas sim que não poderá ser criada regra de conduta, complementar ou ordinária, que ultrapasse aquela taxa nominal de 12% a partir da definição do que se entenda por juro real, ou seja, quais as parcelas ou percentuais que, incluídos na taxa nominal de juros, deverão ser excluídas do valor real desta.

Ademais, até mesmo a explicitação dos juros reais apresentada na tese do Desembargador Sérgio Gischkow Pereira, aprovada pelos magistrados no VIII Encontro Nacional de Tribunais de Alçada, realizado em Porto Alegre entre 18 e 21 de outubro de 1988, admitia a exclusão de determinados fatores dos juros nominais estabelecidos contratualmente, tais como, a taxa inflacionário e o IOF, sendo que aquele primeiro componente também depende de especificação, o que

---

[94] PONTES DE MIRANDA. *Tratado de Direito Privado*. 3ª ed. Rio de Janeiro: Borsoi, 1970. Tomo XXXVIII, § 4.253, p. 353.
[95] WEDY, Gabriel. *O limite constitucional dos juros reais*. Porto Alegre: Síntese, 1997, p. 74.

retira a pretendida aplicação imediata do referido dispositivo, preconizada por aquele jurista, cuja conclusão a respeito do tema é a seguinte:

> Em resumo, considero o juro real como sendo o juro nominal deflacionado, ou seja, o juro excedente à taxa inflacionária, esta medida pela OTN (ou outro índice que no futuro venha a tomar o seu lugar). No juro real incluem-se os custos administrativos e operacionais, as contribuições sociais (FINSOCIAL, PIS e PASEP), os tributos devidos pela instituição financeira e outras remunerações direta e indiretamente referidas à concessão de crédito. Não mais é admitido o juro composto. Em contrapartida o IOF está excluído do juro real.

Dessa forma, a questão atinente ao teto estabelecido em 12% ao ano no art. 192, § 3º, da Magna Carta para os juros reais, atualmente, encontra-se solvida na jurisdição constitucional do Supremo Tribunal Federal, no sentido de que a referida norma é de eficácia limitada e, portanto, depende de regulamentação por lei complementar, inclusive para definir a extensão e os limites da nomenclatura empregada para o preço do dinheiro, tanto em termos econômicos como jurídicos.

Ainda, no âmbito da jurisdição exercida pelo Superior Tribunal de Justiça quanto às regras infraconstitucionais, ao examinar o mesmo tema relativo à limitação dos juros no duodécimo constitucional, incidentalmente, pronunciou-se no mesmo sentido da Corte Constitucional, como deflui do aresto abaixo citado:

> Recurso especial. Juros bancários e juros legais – *exegese.*
> Os juros legais nos contratos bancários, são os juros contratados, não tendo aplicação a norma do § 3º do artigo 192 da Constituição, em face da decisão do STF na ADIn nº 4.[96]

Outra questão a ser examinada quanto aos juros bancários é no que diz respeito à regulamentação específica vigente para as instituições financeiras no que concerne a esta matéria, ou seja, a incidência da Lei 4.595/64 (Lei da Reforma Bancária) e a não-aplicação do

---

[96] Superior Tribunal de Justiça, Terceira Turma, rel. Min. Cláudio Santos, RESP nº 6.297-MT, DJU de 01-06-92.

Decreto 22.626/33 (Lei da Usura) no que tange a este tema, situação que será perscrutada a seguir na análise a ser levada a efeito, em especial, quanto à Súmula nº 596 do STF, cujo enunciado é o seguinte:

As disposições do Decreto nº 22.626/33 não se aplicam às taxas de juros e aos outros encargos cobrados nas operações realizadas por instituições públicas ou privadas que integram o sistema financeiro nacional.

Por conseguinte, o Supremo Tribunal Federal ao interpretar que a Lei da Usura não tem incidência na atividade desempenhada pelas instituições financeiras nas questões atinentes à fixação dos juros compensatórios, encargos moratórios, enfim, no que tange à regulamentação do crédito em geral nessa seara, reconheceu, de forma indireta, que a competência para delimitar a remuneração do capital no mercado financeiro cabe às autoridades monetárias, ou, no mínimo, que aquela está presente na executoriedade da política monetária atinente ao preço do dinheiro, tendo tal manifestação vigência e aplicação plena no que diz respeito à exegese constitucional, enquanto não modificado este entendimento soberano diante do direito positivo pátrio. Aliás Rosas[97] ao comentar a súmula em exame assevera que:

A chamada Lei de Usura vedava a cobrança de juros acima da taxa legal, inclusive comissões. Com o advento da Lei de Reforma Bancária (Lei nº 4.595), o Conselho Monetário Nacional foi incumbido de formular a política de moeda e crédito, bem como limitar as taxas de juros, comissões e outras formas de remuneração. Assim, o Decreto nº 22.626 (Lei de Usura) foi revogado quanto às operações com as instituições de crédito sob o controle do Conselho Monetário Nacional (...)

Cabe destacar que as instituições financeiras têm tratamento diferenciado nos regimes de estipulação dos juros, não por acaso, e sim com base no artigo 4º, cumulado com os artigos 17 e 18, da Lei nº 4.595/64, em virtude do princípio da especialidade dessas disposições normativas, as quais têm por objeto mercado específico,

[97] ROSAS, Roberto. *Direito Sumular*. 2ª ed. São Paulo: Revista dos Tribunais, 1981, p. 329.

incluindo aqui o relativo aos títulos públicos, cujos juros servem de parâmetro para que as instituições financeiras estabeleçam o preço para o dinheiro, captado de seus investidores, e que será disponibilizado aos tomadores, consumidores finais da moeda.

Aliás, nesse sentido também é a exegese dominante na Corte responsável pelo exame e pela adequação das normas infraconstitucionais à realidade brasileira, cujos arestos trazidos à colação, dão a exata medida da hermenêutica em vigor na maior parte de nossos Tribunais, no que tange à não-incidência da Lei da Usura na matéria atinente a juros bancários, conforme deflui a seguir:

DIREITO COMERCIAL FINANCIAMENTO BANCÁRIO. JUROS. Teto de 12% em razão da lei de usura. Inexistência. Lei 4595/64, que rege a política econômico-monetária nacional, ao dispor no seu art. 4º, IX, que cabe ao Conselho Monetário Nacional limitar as taxas de juros, revogou, nas operações realizadas por instituições do sistema financeiro, salvo exceções legais, as restrições que previam teto máximo[98]...

Contrato bancário (contrato de abertura de crédito em conta-corrente). Juros. Limitação. Não se aplica o limite do Decreto nº 22.626/33, quanto às operações realizadas por instituições bancárias. Súmula 596/STF e precedentes do STJ: por todos, RESP-150.465, DJ de 16.2.98. Recurso especial conhecido e provido em parte.

Assiste razão ao recorrente quanto à aplicação da Súmula 596/STF, segundo a qual "As disposições do Decreto nº 22.626/33 não se aplicam às taxas de juros e aos outros encargos cobrados nas operações realizadas por instituições públicas ou privadas, que integram o sistema financeiro nacional". Na mesma linha, firmou-se a jurisprudência do Superior Tribunal. Por exemplo: "Inaplicabilidade da limitação estabelecida pelo Decreto 22.626/33, tratando-se de operação realizada por instituição integrante do sistema financeiro nacional. Aplicação da Súmula 596 do STF" (RESP-150.465, Ministro Eduardo Ribeiro, DJ de 16.2.98) ou "Os juros devidos são os contratados, afastada a limitação do Dec. 22.626/33" (RESP-40.207, Ministro Fontes de Alencar, DJ de 18.4.94).

Esclareço que, nestes autos, não se discute sobre cédulas de crédito rural, comercial ou industrial.

---

[98] Superior Tribunal de Justiça, Quarta Turma, rel. Min. Sálvio de Figueiredo Teixeira, RESp nº 112.358/RS, julgado em 13-04-1997, DJU 19-05-97, p. 20.640.

Em tal aspecto, conheço do recurso especial e lhe dou provimento em parte. Despesas e honorários distribuídos e compensados, de acordo com o art. 21 do Cód. de Pr. Civil.[99]

Recurso especial. Civil. Alienação fiduciária em garantia. Juros. Inaplicabilidade da limitação do Decreto nº 22.626/33. Equivalente em dinheiro. Precedentes. Comissão de permanência e correção monetária. Cumulação vedada. Súmula nº 30/STJ. Taxa ANBID. Ilegalidade. Súmula nº 176/STJ. Prisão civil. Nova orientação da Quarta Turma. Não cabimento.
– A limitação dos juros na taxa de 12% ao ano estabelecida pela Lei de Usura (Decreto nº 22.626/33) não se aplica às operações realizadas por instituições integrantes do sistema financeiro nacional, salvo exceções legais, inexistentes na espécie.
– O equivalente em dinheiro deve ser considerado o saldo devedor em aberto e não o valor da coisa alienada. Precedentes.
– "A comissão de permanência e a correção monetária são inacumuláveis" (Súmula nº 30/STJ).
– "É nula a cláusula contratual que sujeita o devedor à taxa de juros divulgada pela ANBID/CETIP" (Súmula nº 176/STJ).
– Incabível, no plano infraconstitucional, a prisão civil do devedor em alienação fiduciária em garantia. Precedentes.
– Recurso parcialmente conhecido e, nessa extensão, provido.[100]

A concepção jurídica que afasta a incidência da Lei da Usura para as questões referentes aos juros bancários, presente nos acórdãos precitados, deixa evidenciados os seguintes fundamentos: o primeiro, que a Lei da Usura teria sido revogada, pela Lei nº 4.595/64, ao menos em parte, em especial, pelo disposto no art. 4º, incisos VI e IX, normas que regulam os juros bancários; o segundo, no sentido de que as regras que dispõem quanto ao custo do dinheiro no mercado bancário são especiais e de ordem pública, pois a matéria é atinente à política monetária, portanto, afasta a aplicação da Lei da Usura, diploma de natureza geral e afeto ao campo do direito privado.

Por conseguinte, ante o teor das decisões anteriormente examinadas, fica evidente que não houve derro-

---

[99] Superior Tribunal de Justiça, Terceira Turma, rel. Min. Nilson Naves, RESp nº 00173385/RS, julgado em 08-06-1999.
[100] Superior Tribunal de Justiça, Quarta Turma, relator Min. Cesar Asfor Rocha, RESp nº 00181211/SP, julgado em 27-04-1999.

ENTRE O PÚBLICO E O PRIVADO
A regulação dos juros bancários e a sua aplicação

gação da Súmula nº 596 pelo artigo 5º da Constituição Federal, assim como a interpretação dada pelas Cortes Federais Superiores, também deixa claro que, tanto no plano constitucional como no infraconstitucional, não se aplica o disposto no Decreto 22.626/33 para regular as taxas de juros dos empréstimos concedidos por instituições financeiras.

Dessa forma, embora ponderáveis os argumentos em contrário, em termos de interpretação dada ao disposto no § 3º do artigo 192 da Magna Carta pelo Supremo Tribunal Federal, fica evidente que a referida norma necessita ser regulamentada, de sorte que as instituições financeiras, e apenas estas, não estão sujeitas às limitações estabelecidas pelas regras infraconstitucionais da Lei da Usura quanto à fixação dos juros, tendo em vista que aquelas têm incidência nas demais hipóteses adstritas ao campo das obrigações, mas não em relação ao mercado financeiro, cujas normas de ordem pública têm aplicação imediata sobre o mesmo, com a finalidade de implementar a política monetária do país.

A crítica que se faz a esse respeito é primordialmente quanto à forma, ou seja, no que concerne a competência para estabelecer regras quanto às taxas de juros, a qual seria exclusiva do Congresso Nacional por força do que dispõem os artigos 22 e 48 da nossa Carta Magna. Entretanto, não há a menor dúvida quanto ao acolhimento das atuais regras relativas ao mercado bancário e financeiro, ao menos até a edição da lei complementar que regulamente o Sistema Financeiro Nacional, consoante disposto no art. 192 da Constituição, a qual estabelecerá a normatização do mesmo.

Contudo, a execução da política monetária no país continuará sendo feita pelo Banco Central, órgão responsável pela implementação da política de juros, por sua atuação no mercado de capitais, conforme descrito no item 1.3 dessa dissertação. Portanto o percentual relativo às taxas bancárias está mais vinculado a esta parte operacional do que à regulamentação geral do setor financeiro a ser feita pelo Congresso Nacional, que definirá as linhas mestras para atuação nessa seara econômica.

Releva ponderar, ainda, no que pertine aos juros bancários, que mesmo tendo sido acolhidas as normas que regulam o mercado financeiro pela normatização constitucional, o que é consenso na interpretação dada pelos Tribunais Superiores, no sentido de que foram recepcionadas pela atual Carta Magna, e admitindo que tenham *status* de leis complementares, consoante disposição do artigo 59 de nosso Texto Maior, possuindo, por via de conseqüência, hierarquia superior à regra ordinária do Código de Defesa do Consumidor, é perfeitamente possível a incidência desse último nas questões atinentes à fixação do preço do dinheiro no campo do direito bancário.

A aplicação do Código de Defesa do Consumidor quanto à matéria referente aos juros bancários decorre de dois fundamentos: o primeiro, que aquela lei protetiva do consumidor é conforme ao Direito e à garantia constitucional assegurados em favor deste, logo de aplicação imediata, consoante já explicitado no tópico 3.3 desta obra; o segundo, em razão de que o fundamento de validade da regra de garantia do consumidor é diverso e tem campo de atuação diferente das normas do mercado financeiro.

Assim, respeitados os preceitos da economicidade e proporcionalidade, no que concerne à aplicação do Código de Defesa do Consumidor, viável é a sua incidência quanto à questão dos juros bancários, aliás, quanto à forma de equacionar eventual discussão quanto à antinomia aparente entre as regras do mercado financeiro e às de defesa do consumidor, é oportuno trazer a lição de Carraza[101] a esse respeito, quando trata

---

[101] CARRAZA, Roque Antonio. *Curso de Direito Constitucional Tributário*. 10ª ed. São Paulo: Malheiros, 1997, p. 100.

de ordens jurídicas isônomas, como as precitadas, a seguir alinhada:

Como, em termos estritamente jurídicos, só podemos falar em hierarquia de normas quando umas extraem de outras a *validade* e a *legitimidade* (Roberto J. Vernengo), torna-se onipatente que as leis nacionais (do Estado brasileiro), as lei federais (da União) e as leis estaduais (dos estados-membros) ocupam o mesmo nível, vale consignar, umas não preferem às outras. Realmente, todas encontram seu fundamento de validade na própria Carta Magna, apresentando campos de atuação exclusivos e muito bem discriminados. Por se acharem igualmente subordinadas à Constituição, as várias ordens jurídicas são isônomas, ao contrário do que proclamem os adeptos das 'doutrinas tradicionais.

Aliás, a respeito dessa integração e harmonização das regras referentes à atividade bancária no mercado financeiro, relativa ao preço do dinheiro (juros), com às de defesa do consumidor (cliente do banco) tem sido a sistemática interpretação tanto do Superior Tribunal de Justiça, como de outros Tribunais de Justiça dos Estados brasileiros, como os do Rio Grande do Sul e de São Paulo, cujos arestos serão objeto de estudo logo a seguir.

Portanto, no que tange à admissibilidade da aplicação do Código de Defesa do Consumidor com referência à questão dos juros bancários, até mesmo para revisar cláusula contratual em desconformidade com os parâmetros normativos que regem essa matéria, já se manifestou o Superior Tribunal de Justiça, cuja jurisprudência predominante aponta no sentido de viabilizar a exegese garantidora dos direitos do consumidor quanto à fixação do preço do dinheiro, conforme deflui do aresto paradigma a seguir elencado:

Cédula de crédito comercial – Embargos à execução – Capitalização mensal dos juros – Código de Defesa do Consumidor.
I – Os bancos, como prestadores de serviços especialmente contemplados no art. 3º, parágrafo segundo, estão submetidos às disposições do Código de Defesa de Consumidor.
II – A jurisprudência desta Corte consolidou entendimento no sentido de que é admissível a capitalização mensal dos juros, desde que pactuada (Súmula 93, do STJ).

III – Ausência, no caso, de pacto de capitalização mensal dos juros.
IV – Recurso não conhecido.[102]

Dessa maneira, definiu aquela Corte Superior, que serve de guardiã às normas infraconstitucionais, a possibilidade jurídica de harmonizar as regras próprias do sistema financeiro nacional com aquelas atinentes aos direitos e garantias atribuídos ao consumidor, de sorte que a exegese desta complete e integre a interpretação daquela, a fim de que seja preservado o bem comum relativo à vida em sociedade, de forma a garantir a política monetária, com o controle inflacionário, em proveito das classes sociais menos favorecidas, assim como, que seja dado um tratamento equânime ao consumidor da moeda do país – classes sociais mais abastadas e empresas – com relação ao custo do dinheiro, tomado para a satisfação de suas necessidades e mesmo para o desenvolvimento do país.

No Tribunal de Justiça do Estado do Rio Grande do Sul, outra não é a solução adotada, no que concerne à possibilidade jurídica de revisão das cláusulas atinentes aos contratos bancários quanto à taxa de juros, bem como quanto à aplicação do Código do Consumidor no que diz respeito a essa matéria, conforme deflui do aresto colacionado a seguir:

Ação monitória de soma em dinheiro.
Contrato de abertura de crédito fixo em conta corrente.
I – Ausência dos pressupostos de constituição e desenvolvimento válido e regular do processo.
A impossibilidade de fixação, desde logo, da condenação do devedor e soma de dinheiro líquida, certa e exigível, caracteriza ausência de pressuposto de desenvolvimento válido e regular para a ação monitória, consoante exigem os artigos 1.120a e 1.120b, combinados com o art. 267, inc. IV, do C.P.C.
No caso concreto, a questão prejudicial resta superada face à ausência de recurso do réu e à prevalência da questão de mérito desatada pela sentença, tendo-se em vista o princípio da instrumentalidade do processo e da efetividade da prestação jurisdicional.

---

[102] Superior Tribunal de Justiça, Terceira Turma, relator Min. Waldemar Zveiter, RESp nº 00175795/RS, julgado em 09/03/99.

ENTRE O PÚBLICO E O PRIVADO
A regulação dos juros bancários e a sua aplicação

II – Controle difuso da licitude dos negócios jurídicos. Interpretação de cláusulas contratuais. REvisão judicial dos negócios jurídicos e a relativização do princípio do *pacta sun servanda.*

A aplicação dos princípios jurídicos que regem as políticas públicas mandatórias de proteção ao consumidor relativizam o princípio do *pacta sun servanda* e autorizam a revisão judicial dos negócios por meio de aplicação do Direito, âmbito em que o Código de Defesa do Consumidor (Lei nº 8.078/90) é aplicável aos negócios jurídicos firmados entre os agentes econômicos financeiros (art. 3º, § 2º...) e os consumidores de seus produtos e serviços (art. 2º e parágrafo único), ou usuários equiparados (art. 29), viabilizando o reconhecimento da nulidade absoluta das cláusulas nucleares e periféricas viciadas por abuso de poder econômico, excesso de onerosidade e/ou quebra do princípio da boa-fé objetiva (art. 51, e § 1º).

III – Disciplina jurídica das obrigações de dar *in pecunia* e preço do dinheiro nos negócios de consumo. cláusula de fixação e cobrança de encargos financeiros nos negócios jurídicos.

Segundo os princípios do Código de Defesa do Consumidor, a estipulação do preço do dinheiro encontra limites nos princípios da eqüidade retributiva e da boa fé objetiva dos negócios jurídicos, âmbito em que o abuso do poder econômico e o excesso de onerosidade dos encargos pecuniários unilateralmente pactuados caracte-rizam conduta da lesa-cidadania, promovendo o enriquecimento ilícito do credor e o simultâneo empobrecimento sem causa do devedor.

Cláusula de juros remuneratórios.

Limitação do excesso de onerosidade a 12% ao ano.

Cláusula de correção monetária pura.

Indexador mensal de correção monetária pura pelo IGP-M.

Cláusua de capitalização de juros. Anatocismo.

Capitalização vedada em lei para a espécie negocial *sub judice.*[103]

Note-se que a exegese dada pela décima quarta Câmara Cível do Tribunal de Justiça do Estado Rio Grande do Sul, acórdão paradigma de tantas outras decisões, tem uma nítida concepção hartiana, no sentido de que o *Direito é aquilo que os Tribunais dizem que é,*[104]

---

[103] Tribunal de Justiça do Rio Grande do Sul, 14ª Câmara Cível, apelação cível nº 70.000.166.058, rel. Des. Aymoré Roque Pottes de Mello, julgada em 13-04-2000.

[104] HART, Herbert. *O Conceito de Direito.* Traduzido por A. Ribeiro Mendes. Lisboa: Fundação Calouste Gulbenkian, 1971, p. 155.

tratada no tópico 2.1 deste trabalho, tendo essa interpretação à hermenêutica da escola livre do direito, na medida em que o corpo do referido aresto deixa claro que a tese defendida e aplicada, indistintamente, aos casos que versam sobre juros bancários com o intuito de limitá-los em 12% ao ano, acrescidos da correção monetária com base no IGP-M, índice de atualização monetária este escolhido ao arbítrio[105] daquela Corte, revela uma preocupação de cunho social, buscando obter um equilíbrio razoável dos interesses financeiros em análise com as *pressões sociais* existentes.

Discorrendo, ainda, o referido precedente jurisprudencial quanto desproporção e ao abuso do poder econômico com relação à fixação de taxa de juros contratuais, em patamar diverso do duodécimo constitucional, com a conseqüente quebra da boa-fé negocial, o que implicaria, também, a enganosidade negocial e a onerosidade excessiva para o consumidor mutuário, isto é o que se infere do teor do voto do relator, Desembargador Aymoré de Mello, transcrito parcialmente a seguir:

Através do controle difuso (judicial e extrajudicial) da licitude (formal e material) dos negócios jurídicos, o sistema protetivo instituído pelo Código de Defesa do Consumidor proíbe e penaliza com nulidade absoluta as causas formais e os efeitos materiais potestativos das cláusulas de preceito e das cláusulas de sanção viciadas por abuso de poder econômico, excesso de onerosidade e/ou enganosidade negocial, a exemplo do catálogo de vedações e de nulidades de pleno direito insculpido, dentre outros,

---

[105] Note-se que a concepção de arbítrio aqui não é utilizada como sinônimo de arbitrariedade, mas sim como faculdade de o Juiz escolher uma opção entre as várias realidades existentes, de acordo com a sua vontade, ou por outra, seu livre arbítrio. Neste ponto observa-se a utilização do princípio da economicidade, tendo em vista que, embora não exista um parâmetro preciso para medir a desvalorização do poder de compra da moeda (inflação), ou mesmo índice oficial para tanto, foi usado para este fim o IGP-M pelos componentes da Câmara, tendo por base que este é utilizado para o cálculo dos débitos judiciais no Estado do Rio Grande do Sul. Portanto, houve o claro intuito de manter a proporção de custo-benefício frente a questão dos juros por meio da solução judicial dada. Aliás, esta hipótese é facultada em se tratando de relação de cunho mercantil, como a atinente aos juros bancários, com base nos usos e costumes comerciais, de aplicação a hipótese em exame para o caso concreto, em face do disposto no art. 4º da LICC e 130 do Código Comercial.

no art. 51 da Lei nº 8.078/90, nos arts. 12, 13, 22 e 56 do Decreto nº 2.181/91, e nos articulados das Portarias nºs. 4/98 e 3/99, da Secretaria de Direito Econômico do Ministério da Justiça.

Este sistema tutelar de controle também proíbe e nulifica, em abstrato, as cláusulas que deneguem, impeçam ou restrinjam direitos do consumidor, que prevejam a perda total ou desproporcionada das prestações por ele pagas, ou do bem objeto da avença, em benefício do credor, e que estabeleçam sanções somente em desfavor do consumidor em caso de atraso ou descumprimento de obrigação, em conseqüência do que este sistema também rejeita e declara nulos os efeitos materiais concretos gerados pela incidência de cláusulas portadoras de vícios desse gênero no curso do negócio jurídico firmado.

Com efeito "limitar não é sinônimo de liberar e muito menos de majorar: a exegese iníqua e equivocada do art. 4º, VI e IX da Lei 4.595/64, consagrada na Súmula 596 do STF. O § 3º, do art. 192 da CF/88 contém norma proibitiva e auto-aplicável, sem necessitar qualquer complemento legislativo que, se editado, deverá moldar-se à vedação constitucional, e não o contrário. Juros reais não carecem de definição em lei complementar, porque todos sabem do que se trata e porque a Carta Maior já regulou a sua cobrança.

É fundamentação deste voto, pacificada na 14ª Câmara Cível, a interpretação de que as cláusulas que prevejam fixação e a cobrança de juros superiores a 12% ao ano são nulas de pleno direito, pois a estipulação do preço do dinheiro encontra limite no princípio da eqüidade retributiva dos negócios jurídicos de consumo, âmbito em que a abusividade negocial e a onerosidade excessiva dos encargos financeiros unilateralmente impostos caracterizam conduta de lesa-cidadania, promovendo o enriquecimento ilícito do credor e o simultâneo empobrecimento sem causa do devedor.

O aresto em comento demonstra clara conotação de ordem social, bem como deixa evidenciado que não escapa de ser atingido pela crise objetiva ou pragmática a que está submetido o Estado-Jurisdição, a qual se refere à utilização de uma linguagem rebuscada e inacessível a maioria das pessoas, mencionada por Morais[106] e tratada no item 4.1 desta obra.

No mesmo diapasão quanto à possibilidade de limitação dos juros bancários remuneratórios é a exegese dada pela 15ª Câmara Cível, também do Tribunal gaúcho, porém, com um enfoque um pouco diverso,

---

[106] MORAIS, José Luis Bolzan. Op. cit.

uma vez que é admitido o teto de 12% para os juros bancários apenas a partir do denominado *Plano Real*, sob a argumentação de que, após este termo, percentuais superiores àquele parâmetro seriam excessivos e importariam em enriquecimento indevido, o que é vedado, tanto pelo disposto no art. 51, IV, e § 1º, III, do Código do Consumidor, como pela proibição de cláusula com condição potestativa[107] do art. 115 do Código Civil, segundo os fundamentos constantes do acórdão, cuja ementa é a seguir transcrita:

Ação de cobrança. Contrato de abertura de crédito. Possibilidade de revisão em face da aplicabilidade do CDC. O Código de Defesa do Consumidor rege as operações bancárias, por se tratar de relações de consumo. Juros remuneratórios. Mesmo que não se admita a limitação dos juros remuneratórios em 12% com fundamento no disposto constitucional – parágrafo 3º do art. 192 da Constituição Federal – nem com base na Lei de Usura, não pode persistir, por ofensa ao CCB e ao CDC, a cobrança dos juros em percentual que giram em torno de 10,5% ao mês após a implantação do Plano Real. Até 30/06/94, no entanto, há de persistir a cobrança da taxa pactuada no título (48% ao mês). Capitalização. No contrato *sub judice* não se admite a capitalização de juros, pois apenas é admitida quando fundada em lei especial. Uso da TR como indexador da correção monetária. A TR, porque instituída pela Lei nº 8.177/91, é índice oficial de correção monetária, mas só pode ser utilizada quando expressamente pactuada no contrato. *In casu*, não houve contratação, devendo prevalecer o IGP-M. JUros moratórios. Admite-se que pela mora dos juros contratados estes sejam elevados de 1% e não mais (Dec. 22.626/33, art. 5º). SUCUMBÊNCIA. Com o provimento parcial do apelo, devem ser redimensionados os ônus da sucumbência. Deram parcial provimento. Unânime.[108]

Frise-se que a conclusão estampada no acórdão precitado decorre da utilização do método comparativo

---

[107] A dificuldade que se encontra aqui ao tratar de condição potestativa, isto é, aquela que depende, exclusivamente, do arbítrio de uma das partes (art. 115 do CC), resultando daí a sua vedação e invalidade, decorre do fato do contrato bancário ser de adesão por sua natureza, tomando-se, por via de conseqüência, como passíveis de exame as cláusulas que decorrerem de arbítrio ou de impossibilidade de sua correta aferição no momento da contratação.

[108] Tribunal de Justiça do Rio Grande do Sul, 15ª Câmara Cível, apelação cível nº 70001188325, rel. Des. Otávio Augusto de Freitas Barcellos, julgada em 30-08-2000.

de interpretação, tendo em vista que no corpo do referido aresto o relator, Desembargador Otávio Barcellos, traça um paralelo entre a remuneração da instituição financeira pelo preço do dinheiro mutuado com os rendimentos obtidos por um investidor comum com uma aplicação em poupança livre, sendo que novamente aqui foi utilizado o Código do Consumidor como garantia do mutuário nas relações negociais que venha a manter no mercado financeiro.[109]

Por fim, ainda, do Tribunal gaúcho quanto a este tema é o aresto da 17ª Câmara Cível, relatado pela Desembargadora Elaine Harzheim Macedo, o qual apresenta uma solução mais consentânea com o princípio da proporcionalidade e as normas de ordem pública, tanto no que diz respeito ao regramento específico dos juros bancários atinente à política monetária nacional, como a conformidade deste com as garantias estabelecidas em favor do consumidor, admitindo a fixação da taxa de juros nos contratos bancários no limite de 12%, de acordo com a lei civil, quando inexistir prévia estipulação contratual a respeito, o que importaria na aplicação subsidiária do Código de Defesa do Consumidor e do Código Civil nesta hipótese, cuja ementa é destacada abaixo:

> Negócios jurídicos bancários. Ação revisional. Contratos de abertura de crédito rotativo em conta corrente e de abertura de crédito pessoal. Realização de perícia. Desnecessidade. Juros. Capitalização. Comissão de permanência. Correção monetária. TR. Repetição.
> Mostra-se desnecessária a produção de prova pericial quando a matéria tratada é eminentemente de direito. Os juros, quando não previstos expressamente na avença, devem ser limitados de acordo com a lei civil e também levando-se em conta o postulado pela parte autora, tendo em vista

---

[109] No mesmo sentido são os arestos prolatados pela 15ª Câmara Cível do Tribunal de Justiça do Rio Grande do Sul, nas apelações cíveis nºs 70001189257, rel. Des. Otávio Augusto de Freitas Barcellos, julgada em 06-09-2000, 70001195254, rel. Otávio Augusto de Freitas Barcellos, julgada em 30.06.2000, 70001581206, rel. Vicente Barrôco de Vasconcellos, julgada em 01.09.2000 e 70000600502, rel. Vicente Barrôco de Vasconcellos, julgada em 25.10.2000; bem como o aresto prolatado pela 16ª Câmara Cível do Tribunal de Justiça do Rio Grande do Sul, apelação cível nº 70001777085, rel. Des. Paulo Augusto Monte Lopes, julgada em 13-12-2000.

> a potestatividade da cláusula respectiva. Quando previamente acordados, não há que se falar em limitação. Em ambos os casos são válidos até o vencimento e/ou denúncia da avença, quando então passam a contar tão-somente os encargos moratórios. A capitalização mensal é incabível em contrato de mútuo, não regido por lei especial, conforme vedação do Dec. 22.626/33, não revogado pela Lei 4.595/64, bem como a comissão de permanência, por implicar *bis in idem*. A correção monetária deve-se dar pelo IGP-M tendo em vista que a TR não foi previamente pactuada. Descabe repetição de indébito quando não ocorrente erro. Apelo parcialmente provido.[110]

No acórdão precitado há expressa referência à possibilidade de revisão contratual no ponto que se refere aos juros bancários, em face do disposto no art. 5º, XXXV, da Constituição Federal, entretanto, limita esta análise a inexistência de avença quanto à referida taxa, não podendo esta ser desconhecida no momento da contratação – princípio da transparência – e ficar ao arbítrio da instituição financeira a sua fixação para referida *obrigação incerta e futura*, hipótese em que incide sobre a matéria o disposto no art. 51, IV, Código de Defesa do Consumidor, cujo corolário jurídico é a aplicação da lei civil e o percentual de 12% a título de remuneração do capital inicialmente mutuado. Ainda no corpo do referido acórdão no que diz respeito à atividade bancária é gizado que:

> A atividade bancária, como qualquer atividade empresarial, visa à obtenção de lucro e os juros remuneratórios são exatamente o ganho do capital, a exemplo do lucro que o empresário seja da atividade primária, seja da atividade secundária, embute no preço de seu produto ou serviço. Cuida-se, assim, de mero objeto de avença entre as partes, não vislumbrando qualquer ofensa que possa à luz do art. 145 do CCB, caracterizar nulidade do pacto. As partes são maiores e capazes, o objeto é lícito, na medida em que inaplicável a limitação prevista no art. 192, § 3º, da Constituição Federal, submetendo-se, como alhures posto, o tratamento dos juros remuneratórios à Lei nº 4.595/64.

O aresto precitado deixa evidenciar o respeito ao sistema econômico constitucionalmente vigente, bem

---

[110] Tribunal de Justiça do Rio Grande do Sul, 17ª Câmara Cível, apelação cível nº 70001725928, rel. Desa. Elaine Harzeheim Macedo, julgada em 14/11/2000.

como aos princípios insculpidos na Carta Suprema da livre concorrência e iniciativa, inclusive dando conta de que a atividade bancária está sujeita a riscos próprios e à legislação específica, situação que decorre da política monetária empregada no país, o que dá uma conotação de ordem pública às normas que regulamentam o sistema financeiro.[111] Outra não é a posição adotada pelos Tribunais de São Paulo quanto às questões anteriormente tratadas, em especial, no que tange à possibilidade de aplicação do Código de Defesa do Consumidor à matéria de juros bancários, cujo aresto transcrito, retrata o pensamento vigente no Judiciário daquele Estado, a respeito desse tema quanto aos principais pontos tratados anteriormente, a seguir:

> Julgamento antecipado da lide – Ação de revisão de cláusulas contratuais relativas a contrato de abertura de crédito em conta corrente garantida – Pretensão de anulação da sentença por não Ter sido dada oportunidade para realização de provas – Impossibilidade, pois os elementos dos autos são suficientes para o julgamento da demanda – Cerceamento de defesa inocorrente – Preliminar rejeitada.

> Contrato de adesão – Abertura de crédito em conta-corrente garantida – Revisão de cláusulas contratuais – Sujeição do ajuste às normas do CDC, pois o consumidor age com vista ao atendimento de uma necessidade própria e não para o desenvolvimento de uma atividade negocial, inclusive de natureza bancária, financeira ou de crédito – Arts. 2º e 3º, § 2º, da Lei 8.078/90 – Recurso parcialmente provido.

> Contrato de adesão – Abertura de crédito em conta corrente garantida – Cláusula mandato – Obrigação Cambial assumida por procurador do mutuário vinculado ao mutuante, no exclusivo interesse deste – Nulidade reconhecida – Arts. 115, 145, inc. V, 146, § único e art. 153 do CC, Súmula 60 do E. STJ – Recurso parcialmente provido.

> Comissão de permanência – Contrato de abertura de crédito em conta-corrente garantida – Cláusula contratual autorizando o banco a utilização da taxa vigente no mercado para a atualização do débito – Nulidade

---

[111] No mesmo sentido são os arestos prolatados pela 17ª Câmara Cível do Tribunal de Justiça do Rio Grande do Sul, nas apelações cíveis nᵒˢ 7000148706, j. em 12/09/2000, e 70001880632, j. em 12/12/2000, todas tendo como rel. a Desa. Elaine Harzeheim Macedo.

reconhecida – Incidência do art. 115 c/c os arts. 145, V, 146, § único e 153 do CC – Determinação de substituição desta pela correção monetária da Tabela Prática do Tribunal de Justiça de São Paulo – Verba indevida – Recurso parcialmente provido.

Contrato de adesão – Abertura de crédito em conta-corrente garantida – Cláusula estabelecendo a aplicação de taxas bancárias vigentes no mercado financeiro, sem a participação do devedor na fixação das mesmas – Descabimento – Potestatividade reconhecida (Súmula 176 do E. STJ) – Nulidade decretada – Recurso parcialmente provido.

Juros – Mútuo – Contrato de abertura de crédito em conta corrente garantida – Capitalização de juros verificada – Ilegalidade, mesmo em relação às instituições financeiras (Dec. 22.626/33, art. 4º, C.Com., art. 253 e Súmula 121 do E. STJ) – Cobrança afastada – Refazimento dos cálculos determinado – Recurso parcialmente provido.

Juros legais – Contrato de abertura de crédito em conta-corrente garantida – Pretensão de declaração de inconstitucionalidade dos juros e limitação destes a 12% ao ano, com fundamento no art. 192, § 3º, da CF, do art. 4º, "a", da Lei 1.521/51 e do art. 1º do Dec. 22.626/33 – Inconstitucionalidade não-configurada – Norma constitucional ainda não regulamentada – Incidência no caso de juros remuneratórios legais de 0,5% ao mês à falta de previsão válida no contrato quanto a estes – Derrogação das normas de direito infraconstitucional, no caso em relação às instituições financeiras (Súmula 596 do E. STF) – Limitação também descabida – Recurso quanto ao tema improvido.

Contrato de adesão – Abertura de crédito em conta-corrente garantida – Revisão de cláusulas contratuais – Pretensão de compensação dos valores indevidamente descontados ou cobrados a maior e condenação na pena do art. 1.531 do CC – Cabimento da compensação requerida – Aplicação do art. 11 do Dec. 22.626 – Não incidência no caso, contudo, do art. 1.531 do CC – Recurso parcialmente provido.

Contrato de adesão – Abertura de crédito em conta corrente garantida – Revisão de cláusulas contratuais – Alegação de ilegalidade da adoção da Taxa Referencial (TR) como índice de correção monetária – Questão não apreciada, por restar prejudicada em face do que foi decidido quanto aos demais pedidos, e por não constar expressamente dos pedidos da inicial – Recurso improvido.[112]

---

[112] Primeiro Tribunal de Alçada Civil de São Paulo, 4ª Câmara Cível, apelação cível nº 0790336-6, rel. Juiz de Alçada Oséas Davi Vianna, julgada em 16-02-2000. No mesmo sentido é o aresto do mesmo Tribunal e Câmara na apelação cível nº 0784528-7, no qual foi relator o Juiz de Alçada José Marcos Marrone, julgada em 20-10-1999.

Por fim, cabe aqui, também, realizar breve análise quanto à questão atinente à capitalização dos juros bancários, através do prisma da jurisprudência de nossos tribunais, sendo que algumas Cortes do país, em especial, o Superior Tribunal de Justiça tem entendido que: esta só pode ocorrer, quando houver lei específica que a autorize e aquele regime de incorporação de juros tenha sido previsto contratualmente. Nessa hipótese a capitalização passa a incidir mensalmente para as cédulas de crédito, títulos que a legislação autoriza o regime de incorporação de juros (Súmula nº 93 do STJ), o que tem sido objeto de interpretações divergentes, inclusive no que tange à aplicação da Súmula nº 121 do STF, a qual versa sobre a fixação dos juros para os contratos em geral e para os bancários não abrangidos por lei específica que autorize a capitalização, conforme verbete a seguir:

É vedada a capitalização de juros, ainda que expressamente convencionada.

Assim, o posicionamento quanto à capitalização dos juros bancários do Superior Tribunal de Justiça, posição dominante na jurisprudência nacional, está estampado nos acórdãos abaixo colacionados:

Processual civil. Embargos de declaração. Vício caracterizado. Capitalização mensal em cédula de crédito comercial. Possibilidade. Enunciado nº 93 da Súmula/STJ. Acolhimento.

I – Doutrina e jurisprudência admitem excepcionalmente o manejo de embargos declaratórios, além das hipóteses legalmente contempladas, quando ocorrente erro material ou manifesto equívoco, inexistindo outro meio hábil ao reexame da espécie.

II – A orientação desta Corte firmou-se pela admissibilidade da capitalização mensal de juros nos casos em que a legislação de regência e o instrumento contratual expressamente prevejam tal prática, como na espécie.[113]

Direitos econômico e processual civil. Mútuo rural. Julgamento antecipado da lide. Cerceamento de defesa inexistente. Demonstrativo contábil. TR.

---

[113] Superior Tribunal de Justiça, Quarta Turma, rel. Min. Sálvio de Figueiredo Teixeira, RESp nº 00184064/RS, julgado em 02/02/1999.

Indexador contratualmente eleito. Capitalização de juros. Possibilidade. enunciado nº 93 da Súmula/STJ. Prequestionamento. Inocorrência. Recurso não-conhecido.

I – O prequestionamento da matéria posta no recurso especial é indispensável, sob pena de impossibilitar-se o exame da insurgência, consoante verbete nº 282 da súmula/STF.

II – Cuidando-se de matéria de direito, impõe-se o julgamento antecipado da lide em obediência aos princípios da economia e da celeridade processuais, não ocorrendo cerceamento de defesa.

III – Não concordando a parte executada com os valores lançados no "demonstrativo contábil" que instrui a execução, cumpre-lhe, com base no que foi pactuado e na legislação que considere aplicável, impugná-los e indicar o quantum que entenda devido.

IV – Sendo lícito o pacto de vinculação da correção monetária ao critério de atualização dos depósitos em caderneta de poupança, por conseqüência a TR, torna-se defeso ao Judiciário intervir diretamente na vontade das partes sob o fundamento de não ser o critério escolhido o melhor para refletir a correção monetária.

V – "A legislação sobre cédulas de crédito rural, comercial e industrial admite o pacto de capitalização de juros" (súmula/STJ, enunciado 93).[114]

Mútuo bancário – Contrato de abertura de crédito – Taxa de juros – LImitação – Capitalização mensal – Proibição – Precedentes.

I – No mútuo bancário vinculado a contrato de abertura de crédito, a taxa de juros remuneratórios não está sujeita ao limite estabelecido pela Lei de Usura (Decreto nº 22.626/33).

II – A capitalização dos juros somente é permitida nos contratos previstos em lei, entre eles as cédulas e notas de créditos rurais, industriais e comerciais, mas não para o contrato de mútuo bancário.

III – Precedentes.

IV – Recurso conhecido e provido.[115]

Dessa forma, verifica-se quanto à capitalização dos juros a tendência atual de admissão do regime de incorporação destes ao capital inicial de forma composta, balizada por dois parâmetros: o primeiro, de ordem material, afeto ao campo do direito obrigacional, ou seja, desde que haja previsão expressa no contrato a esse respeito; o segundo, de natureza pública, que decorre de

---

[114] Superior Tribunal de Justiça, Quarta Turma, rel. Min. Sálvio de Figueiredo Teixeira, RESp nº 00193452/SP, julgado em 02/03/1999.

[115] Superior Tribunal de Justiça, Terceira Turma, rel. Min. Waldemar Zveiter, RESp nº 00176322/RS, julgado em 23/02/1999.

exigência legal, estabelecida em favor de determinados contratos, nos quais é autorizada a incorporação de juros na forma composta.

4.3. A adequação entre a interpretação jurídica e a econômica

A primeira questão a ser perscrutada neste ponto se refere à adequação a ser feita à limitação dos juros bancários, à luz do parâmetro estabelecido na norma do art. 192, § 3º, da Constituição, tendo em vista que, se a mesma é considerada como de ordem programática e de eficácia limitada, ou seja, que depende de regulamentação por lei complementar para a sua aplicação, consoante examinado no tópico precedente, ainda assim, é possível vislumbrar nesse tipo de norma algum grau de vinculação à atividade concretizadora do Estado, ao menos *como diretiva material permanente e de limite material negativo* no dizer de Canotilho,[116] restando apenas definir em que termos esta poderia ser aplicada e a medida a ser dada a sua positivação.

Nesse sentido é oportuno trazer à baila novamente o princípio da razoabilidade, o qual deve servir como um limitador, tanto à atuação do governo, no que tange à execução da política monetária, como também à atividade mercantil atinente às instituições financeiras, e mesmo como forma de implementar o parâmetro do duodécimo constitucional, cuja norma é vista, igualmente, como de caráter imperativo-negativo, o que leva a sua aplicabilidade como norma-fim. Aliás a esse respeito é o ensinamento de Canotilho[117] ao asseverar que:

Além de constituírem princípios e regras definidoras de directrizes para o legislador e a administração, as normas programáticas vinculam também os tribunais, pois os juízes têm acesso à constituição com o conseqüente

---

[116] CANOTILHO, José Joaquim Gomes. *Direito Constitucional e Teoria da Constituição*. 3ª ed. Coimbra: Almedina, 1999, p. 1102/1103.
[117] Idem, p. 1105/1106.

dever de aplicar as normas em referência (por mais geral e independente que seja o seu conteúdo) e de suscitar o incidente de inconstitucionalidade, nos feitos submetidos a julgamento (cfr. CRP, art. 204º), dos actos normativos contrários às mesmas normas.

Dessa forma, está caracterizado que a referida norma constitucional tem incidência como parâmetro limitador à legislação infraconstitucional a ser elaborada, tanto a de ordem complementar como a ordinária, sendo que estabelecida a definição dos juros reais e fixados os critérios matemático-financeiros para aferição destes, por meio de regramento precitado, o limite a ser estabelecido para o preço do dinheiro no mercado financeiro não poderá ultrapassar o patamar máximo de até doze por cento (12%) ao ano, para as operações de crédito bancárias.

Contudo, mister se faz a realização de uma exegese integradora e de conformidade com o parâmetro do duodécimo constitucional para legislação vigente, até que sejam criadas as normas reguladoras do sistema financeiro nacional, em especial, quanto à observância dos direitos e garantias atribuídos ao consumidor no trato das relações mercantis bancárias estabelecidas pela Carta Suprema, o que pode ser feito pela utilização dos princípios da economicidade e o da proporcionalidade antes referidos.

Preambularmente, há que se aferir o preceito que trata da economicidade, o qual serve para harmonizar as circunstâncias e os fatos jurídicos aparentemente contraditórios, a fim de que estes sejam valorados de forma a permitir que o impacto econômico deles resultantes tenha uma repercussão positiva no campo do Direito, ou seja, que venha ao encontro da justiça social, servindo para regular e encontrar o ponto de equilíbrio entre os fatores de ordem econômica e os jurídicos, o que é atingido com a adequação entre a política monetária adotada e os princípios vigentes no Código de Defesa do Consumidor, pelo qual deverão ser levados em conta os direitos e garantias do cliente (consumidor) de determinada instituição financeira perante esta.

Aliás, a consecução do objetivo precitado pode ser efetivada pela equação de reciprocidade, isto é, os ativos depositados e aplicados no banco devem ser levados em conta como redutores, proporcionalmente, para o cálculo dos juros devidos, nos contratos avençados entre as partes, como também do necessário princípio da transparência quanto à indicação precisa das taxas e encargos contratuais, inclusive no que tange ao percentual do redutor precitado, o que serviria para adaptar os juros exigidos à realidade do mercado, restabelecendo o equilíbrio financeiro desejado quanto ao ato jurídico-econômico relativo à fixação dos juros bancários.

Frise-se que nesse tipo de relação de consumo, embora o mercado de crédito esteja adstrito a mecanismos e a fórmulas financeiras próprias do sistema bancário, recepcionados pela legislação específica que regra essa matéria, a taxa de reciprocidade está presente nas formulações da matemática financeira, não obstante seja omitida nesse tipo de contrato de consumo, em evidente prejuízo do cliente-consumidor.

Assim, a operacionalização do princípio precitado decorre da utilização dos preceitos atinentes à relação de consumo, dentre os quais cumpre destacar o da vulnerabilidade do consumidor no mercado consuntivo e o da inversão do ônus probatório. O primeiro se trata de elemento central da política de consumo, que serve para tutelar o consumidor e como limitador às disposições abusivas com base contratual, como, por exemplo, a fixação de cláusula penal superior a 2% nos contratos bancários; o segundo, de ordem processual, visa a garantir ao agente deficitário (tomador-consumidor) isonomia de tratamento no acesso à justiça, sendo fundamental para obter nas instituições financeiras os dados necessários para o cálculo da taxa de reciprocidade.

De outro lado, também há que se considerar para exegese precitada novamente o princípio da proporcionalidade, o qual é útil para estabelecer uma diretiva procedimental à aplicação da Justiça no caso concreto, tendo em vista que a sua concepção também é de ordem utilitarista e pragmática, evitando com isso colisões entre direitos com plausibilidade de incidência em situação específica, como a questão atinente à fixação dos juros bancários e os direitos e garantias atribuídos ao consumidor no mercado financeiro.

Por conseguinte, é evidente que existe um limite a ser estabelecido para fixação do parâmetro atinente ao duodécimo constitucional, que, no mínimo, é a média ponderada do custo de captação dos recursos disponibilizados para apropriação, na medida em que não é exigível que o acionista do banco sofra prejuízo em função de o tomador do dinheiro gozar daquela garantia constitucional, pois aquele também tem por fundamento, para o exercício de sua atividade bancária, os preceitos econômicos do capitalismo. Essa adequação entre os meios e os fins a serem alcançados é que requer do jurisconsulto habilidade técnica, flexibilidade e ponderação para proceder o controle de eventual excesso.

Ademais, segundo aquele preceito é razoável entender que a média ponderada do custo de captação, atinente aos recursos a serem disponibilizados, num segundo momento, para a apropriação pelos tomadores (pessoas físicas e jurídicas), acrescido da atualização monetária no período a que se refere o mútuo contratado e dos tributos atinentes a tais operações financeiras, bem como do *spread* desejado pelo banco, cuja taxa de intermediação do mercado financeiro é da ordem de dois por cento (2%), resultaria no somatório que deve ser subtraído do capital final a ser resgatado. Assim, o resto resultante dessa operação aritmética importa em determinado intervalo, que serviria como remuneração ao risco do empreendimento, cujo percentual não pode-

ENTRE O PÚBLICO E O PRIVADO
A regulação dos juros bancários e a sua aplicação

ria ultrapassar ao duodécimo constitucionalmente previsto.

Note-se que, por esse viés, mesmo que considerados os juros bancários como insumo do sistema financeiro, ou seja, custo atinente ao preço do dinheiro no mercado de capitais para os agentes deficitários (tomadores – pessoas físicas e jurídicas), estariam sendo levadas em conta todas as variáveis que compõem aquele valor monetário agregado, ou seja, as despesas operacionais e as fiscais, além do lucro a ser obtido pela instituição financeira em contraprestação ao risco que envolve as operações de crédito bancárias.

Ressalte-se que o custo de captação médio ponderado não é uma variável desconhecida no nosso Direito, tendo em vista que esse fator tem a denominação específica de Taxa Referencial (TR), percentual mínimo a ser ofertado ao investidor, a fim de que este disponibilize os seus recursos presentes a uma instituição financeira. Aliás, nesse sentido é a fundamentação do aresto atinente à ADIn nº 493-0/DF,[118] ao explicitar o significado daquela taxa financeira, quando analisada a constitucionalidade de determinados dispositivos da Lei 8.177/91, no qual foi afirmado que:

> Ora, como bem demonstra o parecer da Procuradoria-Geral da República, não é isso o que ocorre com a Taxa Referencial (TR), que não é índice de determinação do valor de troca da moeda, mas, ao contrário, índice que exprime a taxa média ponderada do custo de captação da moeda por entidades financeiras para sua posterior aplicação por estas. A variação dos valores das taxas desse custo prefixado por essas entidades decorre de fatores econômicos vários, inclusive peculiares a cada uma delas (assim, suas necessidades de liquidez) ou comuns a todas (como, por exemplo, a concorrência com outras fontes de captação de dinheiro, política de juros adotada pelo Banco Central, a maior ou menor oferta de moeda), e fatores esses que nada têm a ver com o valor de troca da moeda, mas, sim – o que é diverso –, com o custo de captação desta. Na formação desse custo, não entra sequer a desvalorização da moeda (sua perda de valor de troca), que é a já ocorrida, mas – o que é expectativa com os

---

[118] STF, Tribunal Pleno, rel. Min. Moreira Alves, ADIn nº 493-0/DF, D.J.U. de 04.09.92.

riscos de um verdadeiro jogo – a previsão da desvalorização da moeda que poderá ocorrer.

A interpretação preconizada anteriormente estaria em conformidade não só com a norma constitucional relativa à limitação dos juros no referido duodécimo anual, como também com o princípio informador desse tipo de relação jurídica antes citado, dando a exata adequação entre o interesse de ordem pública, consubstanciado na manutenção da política monetária do país, o dos agentes superavitários, os quais dispõem de recursos para aplicarem no mercado financeiro (poupadores), bem como o das instituições financeiras, que intermediam tais operações, e mesmo o dos tomadores do dinheiro (agentes deficiários), os quais teriam assegurados o cumprimento das garantias constitucionais dadas aos consumidores, não se sujeitando estes a abusos econômicos decorrentes de eventuais excessos cometidos pelos bancos, quando da concessão dos créditos às pessoas físicas e jurídicas que deles necessitam.

Diante disso, ao se estabelecer a justa proporção entre os interesses particulares dos agentes econômicos envolvidos na equação da política monetária, relativa à fixação do preço do dinheiro no mercado de crédito, cujo interesse aqui também é de ordem pública, pois o Estado intervém no domínio econômico, exatamente para manter a estabilidade do preço da moeda, assim como, dos produtos e dos serviços, está-se contribuindo não só para dar cumprimento às diretrizes definidas constitucionalmente, tanto quanto à limitação dos juros, como no que concerne à garantia dos tomadores do dinheiro, na qualidade de consumidores, conforme gizado no tópico 2.2 da presente monografia.

Salvaguardando com isso, também, o preceito constitucional atinente ao sistema capitalista vigente, na medida em que não é exigível que o acionista do banco arque com o prejuízo em função de o tomador do dinheiro gozar daquela garantia constitucional, pois aquele também têm por fundamento para o exercício de sua atividade bancária a garantia dada pelos princípios da livre iniciativa e concorrência no mercado financeiro, sendo necessária a adequação entre os meios e os fins a serem alcançados, conforme já ressaltado.

Assim, retoma-se nesse ponto a questão da integração e harmonização dos direitos e garantias do consumidor no mercado financeiro, tendo em vista que estes são instituídos em favor dos interesses coletivos de respeito à dignidade humana e preservação da qualidade de vida, núcleo essencial que não pode ser violado, sob pena de desrespeito a direito subjetivo adquirido, conquistas que não podem ser desprezadas, pois importaria verdadeiro retrocesso social.

Por via de conseqüência, é também o princípio do não-retrocesso social que estabelece a possibilidade para o operador do Direito de proceder a exegese de determinado texto infraconstitucional em conformidade com o conteúdo da Carta Constitucional, o que viabiliza a incidência do Código de Defesa do Consumidor sobre as questões atinentes aos juros bancários, inclusive permitindo o exame incidental da constitucionalidade de normas que impeçam ou dificultem a discussão do direito de crédito e de sua forma de cálculo por parte dos consumidores do mercado financeiro.

Dessa forma, poderá o julgador realizar a adequação de determinada regra em conformidade com a Constituição na prestação jurisdicional difusa, a fim de harmonizar as normas infraconstitucionais com os preceitos constitucionais, bem como preservar o conteúdo intrínseco de determinada disposição normativa da declaração de invalidade, mesmo que de forma incidental, além de possibilitar com isso uma efetiva integração hierárquica das leis relativas ao mercado financeiro e das protetivas do direito do consumidor, respeitando o texto a ser interpretado, consoante já esclarecido no tópico 2.3 desse livro.

Por fim, o último ponto a ser abordado quanto à exegese da matéria atinente aos juros bancários, diz

186 *JORGE LUIZ LOPES DO CANTO*

respeito à aplicação do princípio da eqüidade, com o intuito de obter o ponto de equilíbrio econômico na relação jurídica de consumo no mercado financeiro, retomando aqui a concepção de Rawls de que esse preceito de Justiça depende para sua incidência no caso concreto de que as partes estejam de boa-fé – subjetiva – e dispostas à execução das obrigações que assumiram contratualmente.

Portanto, o princípio da eqüidade é utilizado para suprir a lacuna existente pela falta de regulamentação por lei complementar da limitação dos juros ao duodécimo constitucional anual, norma programática e de eficácia limitada, o que não implica que o consumidor fique sem qualquer parâmetro para aferir a existência de abuso de direito no contrato de crédito.

Cumprindo essa finalidade, tanto o redutor da taxa de reciprocidade, como a obtenção do ponto de equilíbrio entre preço do dinheiro para os tomadores deste e o custo financeiro para obtenção dos recursos disponibilizados aos mesmos, cujo lucro acrescido a este ficaria balizado no percentual de 12% ao ano previsto na lei civil para os juros compensatórios, cuja incidência aqui é subsidiária à lei especial que regula o mercado bancário. Isto é juridicamente possível nos contratos bancários nos quais não haja disposição expressa quanto à fixação dos juros compensatórios, ou no caso da avença ser indeterminada e não passível de determinação no momento da contratação, ficando ao arbítrio da instituição financeira a sua apuração.

Outra questão na qual se faz presente o princípio de justiça do tratamento eqüitativo das partes nos contratos bancários, é a relativa ao regime de capitalização dos juros bancários, a qual representa a incorporação do rendimento ao capital inicial, que pode ocorrer de forma simples, quando o acréscimo ocorre exclusivamente sobre esse valor, ou composta, quando os rendimentos são incorporados ao principal em cada período financeiro.

Portanto, se o cliente da instituição financeira recebe em seus investimentos financeiros (poupança, fundos de renda fixa, etc.) a correção monetária do valor inicialmente investido, acrescida de juros capitalizados na forma composta, é justo e eqüitativo que pague os seus empréstimos também com a atualização da moeda, mais juros capitalizados pelo regime de incorporação composto, pois na hipótese de pretender revisão contratual diversa desta lógica, a sua pretensão não tem causa ou interesse jurídico razoável e nem se harmoniza a situação com o senso comum de Justiça, conforme o análise feita anteriormente no item 2.2 do presente livro.

Dessa forma, não há como demonstrar a existência de uma real desproporção entre prestação e contraprestação do tomador do empréstimo na circunstância precitada, ou ter ocorrido abuso por parte de determinada instituição financeira em razão da inexperiência ou ignorância do devedor quanto à realidade financeira, quando este na condição de investidor recebe o montante da aplicação monetária feita com a incidência do regime de capitalização composta, visto que careceria o mesmo do requisito da boa-fé subjetiva.

Note-se que a criação jurisprudencial a respeito da capitalização é imprecisa, inclusive a consubstanciada na Súmula nº 121 do STF, pois não há menção quanto ao regime de capitalização a ser adotado, se simples ou composto, autorizando esta última hipótese apenas quando houver previsão contratual expressa a esse respeito e à legislação específica que regra a matéria permitir, o que ocorre apenas para determinados tipos de contrato e de títulos de crédito.

Assim, é mais adequado, jurídica e economicamente, que haja decisão expressa no sentido de que a capitalização admitida seja a composta de forma anual e no teto entendido como razoável, ou seja, fixado de acordo com o parâmetro do duodécimo constitucional, desde que haja definição do que se entende por juros reais, consoante descrito anteriormente. Isso deve-se ao fato de que a capitalização levada em conta pela jurisprudência nacional, hoje, é a composta, pois os juros são incorporados ao capital anualmente, caso contrário, a parte dispositiva das sentenças e dos acórdãos estabeleceria que os juros deveriam ser acrescidos apenas no final do contrato, independente do período de tempo no qual este fosse pactuado, ou seja, pouco importaria se o contrato fosse estipulado em anos ou décadas, o somatório deveria ser feito apenas ao final da contratualidade, o que não corresponde à realidade.

Considerações finais

Preambularmente, é oportuno ressaltar que a questão dos juros bancários está inserida na política financeira do Estado de Direito, ou seja, trata diretamente com a possibilidade e a forma de intervenção estatal na administração dos preços, em especial, do dinheiro, e sua influência no volume de meios de pagamento disponíveis, além da implementação da política monetária com a manutenção das taxas de juros em patamares elevados no mercado financeiro, com a finalidade de formar poupança e refrear o consumo, a fim de obter a estabilidade econômica do país.

Assim, a intervenção estatal no campo financeiro se dá de forma positiva pela regulação dos juros atinentes aos títulos públicos e, também construtiva, com a fixação do preço médio do dinheiro no mercado, o qual serve de parâmetro para o estabelecimento dos juros bancários para os particulares, tanto no que concerne à justa retribuição devida aos agentes poupadores, como também à remuneração do dinheiro a ser prestado pelos agentes deficitários, ou seja, os tomadores da moeda nacional no mercado financeiro.

Ainda, constata-se que a atuação estatal na seara do mercado financeiro ocorre de forma pontual, o que não significa que o Estado delegue em prol da iniciativa privada a regulamentação de questões de flagrante interesse público, ao contrário, importa que aquele estabeleça a normatização que melhor se coadune com o desenvolvimento social de seu povo pelos microssistemas específicos, sem com isso desrespeitar princípios institucionais de sua Carta Magna e mesmo a acordos internacionais, que também levem em consideração essa promoção do bem comum, o que não decorre, necessariamente, do engessamento dessa atividade econômica e com isso regular sua política monetária de poupança e crescimento sustentado.

Entretanto, é de se ressaltar que a intervenção estatal deve ocorrer de forma descentralizada e transparente, comprometida com a realização do exercício da cidadania, pois os avanços sociais são um direito, e não uma dádiva do poder político. Nesse diapasão é de importância estratégica a implementação de uma consistente política de juros para o investimento no crescimento econômico, de sorte que esta transferência de ativos monetários importe em aumento de produção e consumo, e não apenas no ganho desmedido das instituições que realizam esta intermediação.

Aliás, a atuação do Estado nessa hipótese ocorre sobre o domínio econômico, no qual a regulação do sistema financeiro se dá pelas normas de natureza indutiva, isto é, por meio de regras que incentivem a formação de poupança, a fim de ser possível o financiamento sustentado do crescimento econômico, cujo fator monetário que serve à implementação dessa política são os juros bancários.

Assim, por esse viés, é de se concluir pela necessidade da intervenção estatal, bem como pela sua ocorrência quando estiver em risco ou forem desrespeitadas determinadas garantias constitucionais, em especial, os direitos de terceira geração que tratam dos interesses difusos, também denominados de republicados, mesmo sob a égide atual do fenômeno da globalização e ainda que se admita a existência do pluralismo jurídico, na medida em que, por exemplo, o interesse dos consumidores deva ser levado em conta na aplicação da política monetária, pois o interesse econômico não pode, estar em desacordo com o social.

Por via de conseqüência, caso o patrimônio, o econômico, de um país estiver sob o ataque especulativo, o Estado deve intervir, tanto em nível governamental como pelo Poder Judiciário, a fim de que se restitua o equilíbrio de forças, utilizando-se princípios como os da proporcionalidade e da economicidade para este fim, este último tendo por base a paridade na relação custo individual e benefício social, a fim de valorar tanto o lucro privado como o social na construção de uma sociedade mais equânime e justa.

Dessa forma, a matéria atinente à fixação dos juros bancários é de ordem pública, pertencente ao campo do direito econômico público, porque adstrita à estabilização dos preços da moeda, bem como dos produtos e serviços no país. Portanto deve ser adaptada ao nível de progresso econômico que se pretende, sendo que a competência de legislar quanto a esta cabe à União Federal, bem como a coordenação e execução desta política monetária é atribuição do Banco Central.

Em decorrência disso, a execução da política monetária no país continuará sendo feita pelo Banco Central, órgão responsável pela implementação da política de juros, por sua atuação no mercado de capitais, conforme descrito no item 1.3 desse trabalho, portanto, o percentual relativo às taxas bancárias está mais vinculado à esta parte operacional do que à regulamentação geral do setor financeiro a ser feita pelo Congresso Nacional, o qual definirá as linhas mestras para atuação nessa seara econômica.

O Banco Central funciona como órgão regulador da liquidez do mercado e controlador da política de créditos, garantindo a estabilidade da moeda e dos preços, logo se a taxa de juros está caindo, em tese, há muito dinheiro na praça, então o BACEN por sua mesa de operações no mercado aberto vende títulos públicos e enxuga o dinheiro, ao passo que se os juros sobem, há pouco dinheiro, assim realiza o caminho inverso comprando os referidos títulos, o que dá liquidez ao merca-

---

ENTRE O PÚBLICO E O PRIVADO
A regulação dos juros bancários e a sua aplicação

do financeiro, consoante preceitua o art. 164, § 2º, da Constituição da República, política monetária esta que dá sustentação ao crescimento econômico pretendido.

Ademais, as questões atinentes aos juros bancários devem ser examinadas à luz dos princípios constitucionais tratados nesse trabalho, os quais formam um *topoi* principiológico e servem de parâmetro para solução dos conflitos de interesses decorrentes do estabelecimento do preço do dinheiro no mercado financeiro, sendo que a melhor resposta para estas demandas é dada pela corrente hermenêutica crítica, cuja exegese busca conformar as normas infraconstitucionais com a Constituição por meio de preceitos como os da economicidade, da proporcionalidade e da eqüidade.

Juízos específicos aqueles, que servem para garantir ao cidadão tratamento que importe em razoável equilíbrio entre o custo individual e o benefício social, resultando da exigência de que cada pessoa atue em consonância com o comportamento aceito pela comunidade, o qual é indicado para cada situação da vida, em tempo e espaço delimitados, situação essa que corrobora a natureza jurídica das normas editadas para regularem os juros bancários, ou seja, as de caráter indutivo, pois há que ser incentivada a formação de poupança para o financiamento do crescimento econômico sustentado.

Por conseguinte, por meio dos princípios precitados se busca a adequada isonomia entre o interesse do governo em manter sua política monetária, bem como o das instituições financeiras em auferir seus lucros e dos consumidores em lhes ser exigido o justo preço do dinheiro, captado pelos mesmos para seus investimentos de ordem privada, o que está em consonância com o princípio da economicidade.

Igualmente, fica clara a utilidade e aplicação do princípio da proporcionalidade como limitador da atuação do poder público quanto a edição de medidas restritivas de direito, a fim de estabelecer a justa proporção entre o benefício a ser obtido e o sacrifício a ser suportado, pois o excesso na execução de uma política monetária não justificaria a adoção deste tipo de medida. Também a esse respeito, é de se destacar a aplicação do princípio do não-retrocesso social à ordem financeira, devendo o intérprete levá-lo em conta na hermenêutica de determinado texto em conformidade com o conteúdo da Carta constitucional, pois seria igualmente inadmissível privilegiar as instituições financeiras com a retirada de garantias que servem aos interesses coletivos, como, por exemplo, dificultar o exame do direito de crédito e a sua forma de cálculo por parte dos consumidores.

Portanto, é insofismável a contribuição dada pela filosofia hermenêutica às questões de ordem econômico-financeira de que trata o direito econômico, como os juros bancários, pois esse ramo jurídico é de indiscutível abrangência e de constante interação com as demais disciplinas do Direito e outros campos do conhecimento, portanto necessita para o seu desenvolvimento de um sistema aberto e dinâmico.

Os juros bancários são o preço do dinheiro em determinada unidade de tempo, cuja obrigação do devedor é de restituir a coisa incorpórea, fungível e acessória a título de rendimento do capital inicialmente empregado no termo avençado, frutos civis, que servem para compensar o credor pelo custo do desapossamento do dinheiro, o risco de que esse não seja lhe mais devolvido e a expectativa de obter o lucro desejado, sendo o último componente o valor atribuído em decorrência da entrega do dinheiro ao devedor no gênero, quantia e prazo pretendido.

Por esse viés, os juros bancários representam a justa remuneração ao agente superavitário do capital entregue no presente para um agente deficitário (tomador), a fim de ser resgatado no futuro aquele montante, de acordo com a sua definição e finalidade, sendo que a atividade de intermediação realizada pelos bancos não está dissociada de suas obrigações perante as garantias do consumidor, como a de outorgar a este de forma clara e precisa o percentual de juros que está sendo exigido do mesmo, bem como o índice de redução da taxa de mercado que deve lhe ser dado, tendo em vista a relação comercial mantida com a instituição financeira, inclusive atinente às aplicações financeiras feitas pelo consumidor.

O art. 192, § 3º, da Constituição Federal, é norma programática, conforme já reconhecido pelo STF, inclusive em função do disposto no art. 2º que trata da separação dos poderes, cuja eficácia limitada importa em aplicabilidade indireta e reduzida, ou seja, não-exeqüível, em razão da falta de definição precisa do que se entende por juros reais, dando-se ênfase aqui ao escólio gramatical e ao contexto pragmático-econômico nesta exegese.

Entretanto, embora o referido dispositivo dependa de regulamentação por lei complementar para a sua aplicação, ainda assim, é possível vislumbrar nesse tipo de norma algum grau de vinculação à atividade concretizadora do Estado, ao menos *como diretiva material permanente e de limite material negativo*, consoante preleciona Canotilho,[119] o que serviria para impedir a elaboração de normas que estabelecessem percentuais superiores ao teto fixado constitucionalmente para o lucro a ser obtido com as aplicações financeiras ou para a sua contrapartida econômica, ou seja, os empréstimos bancários aos consumidores da moeda.

Outra questão a ser examinada quanto aos juros bancários é no que diz respeito à regulamentação específica vigente para as instituições financeiras no que concerne a esta matéria, ou seja, a incidência da Lei nº 4.595/64 (Lei da Reforma Bancária) e a não aplicação do Decreto 22.626/33 (Lei da Usura) no que tange ao tema, situação consolidada pela Súmula nº 596 do STF, a qual se encontra em pleno vigor e regula essa matéria em nível constitucional e infraconstitucional.

---

[119] CANOTILHO, José Joaquim Gomes. Op. cit.

Assim, tratando-se os juros bancários de matéria de ordem pública, o diploma legal incidente é a Lei 4.595/64, tendo em vista que as instituições financeiras estão adstritas a regramento próprio, em função de seus riscos, obrigações e controle específico, razão que autoriza o tratamento desigual para estas, uma vez que há causa jurídica suficiente e interesse público relevante atrelado à política monetária para o referido tratamento desigual, portanto, não há que se falar em quebra de isonomia ou estabelecimento de privilégio, mas apenas está sendo regulamentada situação desigual, pois os bancos servem apenas com intermediários entre os agentes econômicos poupadores e os tomadores do dinheiro, bem como daqueles com o Estado, dono da moeda em curso no país.

No que concerne à Lei 4.595/64, igualmente, não há dúvida de que foi recepcionada pela atual Carta Constitucional brasileira, visto que a organização do sistema financeiro está estabelecida no referido diploma legal, inclusive no que se refere à denominada liquidação extrajudicial, sendo objeto de controvérsia apenas alguns de seus dispositivos que versam sobre a fixação dos juros bancários, cujos esclarecimentos precitados lançam luzes quanto à esta questão.

Entretanto, é necessário compatibilizar a legislação específica do mercado financeiro, responsável pela política monetária governamental, com a garantia constitucional atribuída aos consumidores, tendo em vista que o princípio do não retrocesso social estabelece a possibilidade para o operador do Direito de proceder a exegese de determinado texto infraconstitucional em conformidade com o conteúdo da Carta constitucional, o que viabiliza a incidência do Código de Defesa do Consumidor sobre as questões atinentes aos juros bancários, inclusive permitindo o exame incidental da constitucionalidade de normas que impeçam ou dificultem a discussão do direito de crédito e de sua forma de cálculo por parte dos consumidores do mercado financeiro.

O corolário dessa reflexão não pode ser outro que não o questionamento quanto à forma de atuar do operador do Direito, isto é, deve-se ter em mente as repercussões econômicas de sua decisão ou se estas devem atentar exclusivamente às questões de cunho jurídico, pois não é exigível que o magistrado, ao decidir quanto à manutenção de determinada garantia constitucional, aprecie também a repercussão de tal decisão na diretriz monetária do Estado, pois a organização desse poder político deve servir à preservação dos direitos republicanos e do exercício da cidadania, e não à simples manutenção do equilíbrio financeiro da máquina estatal do qual faz parte o estabelecimento do preço do dinheiro, ou seja, a fixação dos juros, embora, num segundo momento, possa ser valorada esta questão, a fim de equalizar o interesse público existente.

Frise-se que, na medida em que as decisões do Poder Judiciário atendem a função social de regular situações de interesse coletivo prevalente, valora-se o seu conteúdo material e não simplesmente formal, o que serve ao interesse do Estado Democrático de Direito, pois publiciza os litígios existentes, enfrentando as arbitrariedades e o desrespeito as regras de convivência social, servindo para garantir a manutenção da organização do poder político do Estado, aproximando-o da sociedade e dando resposta às crescentes demandas sociais.

O Poder Judiciário deve dar pronta resposta à realidade social, devendo a exegese prestada estar contida num arcabouço de princípios e conceitos jurídico-econômicos, na medida em que os fatos sociais não podem ser desprezados em nenhuma de suas nuanças, nem o conhecimento pode ser solapado em qualquer de seus saberes ou de suas aplicações, o que denota que a regulação da questão atinente aos juros bancários ultrapassa o mero interesse privado, estando presente aqui não só o interesse público do Estado quanto a política monetária, como o do consumidor no que tange ao respeito de seus direitos e interesses.

Cumprindo essa finalidade, tanto o redutor da taxa de reciprocidade, como a obtenção do ponto de equilíbrio entre preço do dinheiro para os tomadores deste e o custo financeiro para obtenção dos recursos disponibilizados aos mesmos, cujo lucro acrescido ficaria balizado no percentual de 12% ao ano previsto na lei civil para os juros compensatórios, cuja incidência aqui é subsidiária à lei especial que regula o mercado bancário. Isto é juridicamente possível nos contratos bancários nos quais não haja disposição expressa quanto à fixação dos juros compensatórios, ou no caso desta avença ser indeterminada e não passível de determinação no momento da contratação, ficando ao arbítrio da instituição financeira a sua apuração.

Por conseguinte, é evidente que existe um limite a ser estabelecido pelo princípio da proporcionalidade para fixação do parâmetro atinente ao duodécimo constitucional, que, no mínimo, é a média ponderada do custo de captação dos recursos disponibilizados para apropriação, na medida em que não é exigível que o acionista do banco sofra prejuízo em função de o tomador do dinheiro gozar daquela garantia constitucional, pois aquele também têm por fundamento para o exercício de sua atividade bancária os preceitos econômicos do capitalismo. Tal adequação entre os meios e os fins a serem alcançados é que requer do jurisconsulto habilidade técnica, flexibilidade e ponderação para proceder o controle de eventual excesso.

Ademais, segundo aquele preceito é razoável entender que a média ponderada do custo de captação, atinente aos recursos a serem disponibilizados, num segundo momento, para a apropriação pelos tomadores (pessoas físicas e jurídicas), acrescido da atualização monetária no período a que se refere o mútuo contratado e dos tributos atinentes às operações financeiras, bem como do *spread* desejado pelo banco, cuja taxa de intermediação do mercado financeiro é da ordem de dois por cento (2%), resultaria no somatório que deve ser subtraído do capital final a ser resgatado. Assim, o resto resultante dessa operação aritmética importa em determinado intervalo, que serviria como remuneração ao risco do empreendimento, cujo percentual não poderia ultrapassar ao duodécimo constitucionalmente previsto. Outra questão, na qual se faz presente o princípio de justiça do tratamento eqüitativo das partes nos contratos bancários, é a relativa ao regime de capitalização dos juros bancários, que representa a incorporação do rendimento ao capital inicial, que pode ocorrer de forma simples, quando o acréscimo ocorre exclusivamente sobre esse valor, ou composta, quando os rendimentos são incorporados ao principal em cada período financeiro.

Portanto, se o cliente da instituição financeira recebe em seus investimentos financeiros (poupança, fundos de renda fixa, etc.) a correção monetária do valor inicialmente investido, acrescida de juros capitalizados na forma composta, é justo e eqüitativo que pague os seus empréstimos também com a atualização da moeda, mais juros capitalizados pelo regime de incorporação composto, pois, na hipótese de pretender revisão contratual diversa desta lógica, a sua pretensão não tem causa ou interesse jurídico razoável e nem se harmoniza tal situação com o senso comum de Justiça, conforme o análise feita anteriormente no item 2.2 do presente trabalho.

É oportuno sinalar que a questão da capitalização dos juros não tem uma definição adequada na jurisprudência pátria, pois é admitido aquele regime de forma composta em período anual para os contratos de mútuo bancário, integrando o valor dos juros ao capital inicial, embora a referência seja feita, equivocadamente, nesse tipo de interpretação, para o regime de acréscimo simples dos juros ao principal, isto para as hipóteses em que não há previsão contratual a esse respeito, e a legislação específica que regre a matéria não autorize a referida capitalização. Portanto, mais adequado seria interpretar que a capitalização composta é possível até o limite de 12% ao ano para o lucro financeiro, o qual se incorpora aos juros reais bancários.

Dessa forma, é necessário perscrutar a questão atinente aos juros bancários sob todas essas nuanças, ou seja, tanto no que diz respeito à intervenção estatal que se dá sobre o domínio econômico, de forma pontual e mediante a adoção de normas de natureza indutiva, que servem para incentivar a formação de poupança e o investimento no crescimento econômico e bem-estar social, como, também, quanto à incidência sobre esta matéria dos princípios de ordem constitucional que servem para garantir o interesse do Estado e o exercício da cidadania.

A par disso, a regulação da matéria atinente aos juros bancários e a sua aplicação pelos Tribunais nas lides jurídicas, necessariamente devem estar afetas ao interesse público vigente nessas questões, assim como, ao saber mínimo atinente a essas questões financeiras, sob pena de ser concretizada uma (in)justiça ao caso concreto deficitária, em função do desconhecimento dos preceitos tratados nesse trabalho.

Obras consultadas

ABRÃO, Nelson. *Direito Bancário*. 3ª ed. rev., atual. e ampl. São Paulo: Revista dos Tribunais, 1996.

ALEXY, Robert. *Teoria de los derechos fundamentales*. Madrid: Centro de Estudios Constitucionales, 1993.

AMARAL NETO, Francisco dos Santos. *Racionalidade e Sistema no Direito Civil Brasileiro*. Revista de Direito Civil, nº 63, São Paulo: Revista dos Tribunais, p. 45/56, 1993.

———. *Descodificação do Direito Civil*. In: Anais da XVI Conferência Nacional da OAB... Fortaleza: Conselho Federal da OAB, p.505/521, 1996.

BEVILÁQUA, Clóvis. *Código Civil dos Estados Unidos do Brasil Comentado*. Edição histórica. Rio de Janeiro: Rio, 1958. Vol. II, 7ª tiragem.

BOBBIO, Norberto. *Teoria do Ordenamento Jurídico*. 9ª ed. Brasília: Universidade de Brasília – UnB, 1997.

BONAVIDES, Paulo. *Curso de Direito Constitucional*. 8ª ed. rev., atual. e ampl. São Paulo: Malheiros, 1999.

BORJA, Célio. *O Controle Jurisdicional de Constitucionalidade. A Nova Ordem Constitucional – Aspectos Polêmicos*. Rio de Janeiro: Forense, 1990.

CAMARGO, Ricardo Antônio Lucas. *Breve Introdução ao Direito Econômico*. Porto Alegre: Fabris, 1993.

CAMPILONGO, Celso Fernandes. *Direito e Democracia*. São Paulo: Max Limonad, 1997.

CANOTILHO, José Joaquim Gomes. *Direito Constitucional e Teoria da Constituição*. 3ª ed. Coimbra: Almedina, 1999.

CAPPELLETTI, Mauro. *Juízes Legisladores?* Traduzido por Carlos Alberto Alvaro de Oliveira. Porto Alegre: Fabris, reimpressão 1999. Tradução de: *Giudici Legislatori?*

CARRAZZA, Roque Antonio. *Curso de Direito Constitucional Tributário*. 13ª ed. rev. e atual. de acordo com a emenda nº 21/99. São Paulo: Malheiros, 1999.

DINIZ, Maria Helena. *Curso de Direito Civil Brasileiro, Teoria Geral das Obrigações*. 2ª ed. São Paulo: Saraiva, 1985. 2º vol.

DWORKIN, Ronald. *Casos Difíciles*. México: Instituto de Investigaciones Filosóficas, Universidad Nacional Autónoma de México, 1981.

FALCÓN Y TELLA, Maria José. *Conceito e Fundamento da Validade do Direito*. Torres: Triângulo, 1998.

FARIA, José Eduardo. Artigo: *Globalização Econômica e Reforma Constitucional*. RT, nº 736, São Paulo, Revista dos Tribunais, p. 16/17, fevereiro de 1997.

FERRAJOLI, Luigi. *O Direito como sistema de garantias*. Revista do Ministério Público, v. 16, nº 61, Lisboa: Editorial Minerva, 1995.

FERRARI, Regina Maria Macedo Nery. *Efeitos da Declaração de Inconstitucionalidade*. 4ª ed. rev., atual. e ampl. São Paulo: Revista dos Tribunais, 1999.

GADAMER, Hans-Georg. *Verdad y Método II*. Segunda edición. Salamanca: Sígueme, 1994.

GRAU, Eros Roberto. *A Ordem Econômica na Constituição de 1988*. 4ª ed. São Paulo: Malheiros Editores, 1998.

HABERMAS, Jürgen. *Direito e Democracia: entre facticidade e validade*. Rio de Janeiro: Tempo Brasileiro, 1997. Volume I.

HART, Herbert. *O Conceito de Direito*. Tradução de A. Ribeiro Mendes. Lisboa: Fundação Calouste Gulbenkian, 1971.

JUER, Milton. *Matemática Financeira – Aplicações no mercado de títulos*. 4ª ed. Rio de Janeiro: IBMEC – Instituto Brasileiro de Mercado de Capitais, 1987.

KANITZ, Stephen. *Ação e Reação*. VEJA, São Paulo, p.20, 14 de fevereiro, 2001.

LE GOFF, Jacques. *A bolsa e a vida – Economia e Religião na Idade Média*. 2ª ed., 1ª reimpressão. Traduzido por Rogério Silveira Muoio. São Paulo: Brasiliense, 1995. Tradução de: *La bource et la vie*.

LUPINACCI, Ronaldo Ausone. *Limite da Taxa de Juros no Brasil*. São Paulo: LED – Editora de Direito Ltda., 1999.

MACRIDIS, Roy. *Ideologias Políticas Contemporâneas*. Brasília: UnB, 1982.

MAQUIAVEL, Nicolau. *O príncipe*. São Paulo: Cultrix, 1995.

MAYER, Thomas; DUESENBERRY, James S.; ALIBER, Robert Z. *Moedas, Bancos e a Economia*. Traduzido por Luiz Carlos do Nascimento Silva. Revisão e notas técnicas de Carlos Von Doellinger. Rio de Janeiro: Campus, 1993. Tradução da 4ª ed. original.

MENDES, Gilmar Ferreira. *Direitos Fundamentais e Controle de Constitucionalidade: Estudos de Direito Constitucional*. São Paulo: Instituto Brasileiro de Direito Constitucional, 1998.

MOFFITT, Michael. *O Dinheiro do Mundo – De Bretton Woods à Beira da Insolvência*. Traduzido por Lucas de Azevedo Assunção. Rio de Janeiro: Paz e Terra, 1984. Tradução de: *The World's Money*.

MONTEIRO, Washington de Barros. *Curso de Direito Civil – Direito das Obrigações, 1ª Parte*. 20ª ed. rev. e atual. São Paulo: Saraiva, 1985. Vol. 4ª.

MORAIS, José Luis Bolzan de. *Do Direito Social aos Interesses Transindividuais*. Porto Alegre: Livraria do Advogado, 1996.

——. *A Idéia de Direito Social – Pluralismo Jurídico de Georges Gurvitch*. Porto Alegre: Livraria do Advogado, 1997.

——. *Mediação e Arbitragem: Alternativas à Jurisdição*. Porto Alegre: Livraria do Advogado, 1999.

MOREIRA, Roberto Moreno. *A Determinação da Taxa de Juros em uma Economia Financeiramente Aberta*. Rio de Janeiro: Fundação Getúlio Vargas, 1988.

PELAYO, Manuel García. *Las Transformaciones del Estado Contemporáneo*. Madrid: Alianza Editorial, 1982.

PEREIRA, Caio Mário da Silva. *Curso de Direito Civil, Teoria Geral das Obrigações*. 8ª ed. Rio de Janeiro: Forense, 1983. Vol. II.

PEREIRA, Luiz Carlos Bresser. *Cidadania e Res Publica: A Emergência Dos Direitos Republicanos... RT*, nº 736, São Paulo: Revista dos Tribunais, p. 100/141, fevereiro de 1997.

PONTES DE MIRANDA. *Tratado de Direito Privado*. 3ª ed. Rio de Janeiro: Borsoi, 1970. Tomo XXXIV e XXXVIII.

RAWLS, John. *Uma Teoria da Justiça*. Traduzido por Almiro Pisetta e Lenita M. R. Esteves. São Paulo: Martins Fontes, 1997. Tradução de: *A Theory of Justice*.

REALE, Miguel. *Direito e Planificação. Revista de Direito Público*, ano VI, nº 24, São Paulo: Revista dos Tribunais, p. 93/97, 1973.

RIZZARDO, Arnaldo. *Contratos de Crédito Bancário*. 3ª ed. Rev., atual. e ampl. São Paulo: Revista dos Tribunais, 1997.

ROSAS, Roberto. *Direito Sumular*. São Paulo: Revista dos Tribunais, 1981.

SCAFF, Fernando Facury. *Responsabilidade do Estado Intervencionista*. São Paulo: Saraiva, 1990.

SOUZA, Washington Peluso Albino de. *Primeiras Linhas de Direito Econômico*. 4ª ed. São Paulo: LTR, 1999.

STRECK, Lenio Luiz. *Súmulas no Direito brasileiro: eficácia, poder e função: a ilegitimidade constitucional do efeito vinculante*. Porto Alegre: Livraria do Advogado, 1998.

——. *Hermenêutica Jurídica e(m) Crise: Uma exploração hermenêutica da construção do Direito*. Porto Alegre: Livraria do Advogado, 1999.

VENANCIO FILHO, Alberto. *A Intervenção do Estado no Domínio Econômico: o Direito público econômico no Brasil*. Ed. fac-similar. Rio de Janeiro: Renovar, 1998.

VIEHWEG, Theodoro. *Topica Y Jurisprudencia*. Madrid: Taurus, 1986.

WEDY, Gabriel. *O limite constitucional dos juros reais*. Porto Alegre: Síntese, 1997.

Impressão:
Editora Evangraf
Rua Waldomiro Schapke,77 - P. Alegre, RS
Fone: (51) 3336-2466 - Fax: (51) 3336-0422
E-mail: evangraf@terra.com.br